本书系教育部人文社科研究基金一般项目"专利制度风险及其法律控制研究：基于SSP分析范式"（19YJA820047）的最终研究成果

知｜识｜产｜权｜研｜究｜文｜丛

专利制度风险
及其法律控制研究

杨静 ▪ 著

知识产权出版社

全国百佳图书出版单位

——北京——

图书在版编目（CIP）数据

专利制度风险及其法律控制研究／杨静著．--北京：
知识产权出版社，2024.8. -- ISBN 978-7-5130-9435-1

Ⅰ.D913.04

中国国家版本馆 CIP 数据核字第 2024U64G89 号

责任编辑：刘　睿　邓　莹　　　　　　责任校对：潘凤越

封面设计：张国仓　　　　　　　　　　责任印制：刘译文

专利制度风险及其法律控制研究

杨　静　著

出版发行：**知识产权出版社**有限责任公司	网　　址：http://www.ipph.cn
社　　址：北京市海淀区气象路 50 号院	邮　　编：100081
责编电话：010-82000860 转 8346	责编邮箱：dengying@cnipr.com
发行电话：010-82000860 转 8101/8102	发行传真：010-82000893/82005070/82000270
印　　刷：三河市国英印务有限公司	经　　销：新华书店、各大网上书店及相关专业书店
开　　本：880mm×1230mm　1/32	印　　张：7.125
版　　次：2024 年 8 月第 1 版	印　　次：2024 年 8 月第 1 次印刷
字　　数：170 千字	定　　价：68.00 元

ISBN 978-7-5130-9435-1

前　言

　　人类社会处于历史的十字路口，正在跨入人工智能以及新兴科技大爆发的时代，新科技革命颠覆性、爆炸性的冲击与影响，将对人类社会的生产与交换体制、社会治理模式以及行为与价值观带来翻天覆地的改变，也必然给所有社会带来极为严肃的发展道路与制度设计选择难题。❶ 传统现代性下看似"全知全能"实则"片面垄断"的工具理性造就了现代社会的全面问题：社会成为经济社会，国家成为"技术国家"，"工业理性和技术的蚕食耗尽了日益现代化的本质"。❷ 对于现代各国而言，技术发展的政策考量，是基于风险的制度选择和法律安排，通过法律防控风险、化解风险和吸纳风险，对新科技革命时代的法律制度乃至整个社会规范进行新的建构，是题中应有之义。

　　专利制度作为一种风险分配的政策抉择，存在"分配风险的同时带来新的风险"的法治悖论。长期以来，对专利制度的研讨主要集中于创新视域，基于风险视角对制度进行系统概览或全面解读的成果尚未呈现，风险防控也未纳入专利制度核心价值的讨论范围。专利制度有风险，专利制度风险与风险社会互致因果，互为表里，互相关联。专利制度风险涵盖财产权逻辑下技术私权

❶ 朱云汉. 百年变局与中国政治学的新征程 [J]. 政治学研究，2021 (1)：18–26.
❷ 乌尔里希·贝克. 世界风险社会 [M]. 吴英姿，孙淑敏，译. 南京：南京大学出版社，2004：103.

化决策引致的内源性的专利制度化风险，以及专利系统加工、庇护与加持下技术自身负面性延展和衍生所导致的外生性的专利技术性风险，本质上是现代化进程中资本与技术同盟化的必然结果。随着专利制度在全球技术贸易以及国家创新体系中的作用日渐凸显，人类社会面临着科技大变革时代专利制度风险的复杂性、共生性及全球化的威胁。

控制与减少风险的侵蚀，需要建立一个能够容纳风险变量的秩序，使其具有更大的风险消解能力与吸收能力，实质上关涉社会转型过程中治理主体的重新分权与要素重组，或者说是风险治理结构的合理性转换。以风险社会理论为指引，专利制度需要对现有的制度价值目标、风险控制安全阀和程序进行调整，对风险进行系统控制，促进对专利制度所保护的创新法益与社会关系的安全保障，提升专利法律作为一个利益与风险分配体系本身的预见性与确定性、能动性与可靠性。

目 录

第一章

导　　论

　　人类社会的历史是一部制度认知、选择与演变的历史。作为一种伟大的制度发明，自诞生伊始，专利制度通过精巧的规则设计，以权利垄断激励技术创新，制度的演化发展进程始终赞誉与批判交织、肯定与质疑相伴。知识经济时代，技术的快速推陈出新引发了专利制度外部生态环境的急剧变化，风险社会（risk society）的不确定性冲击着专利制度的价值功能，暴露出现行专利体制在应对、控制风险能力方面的匮乏和失效。与此同时，专利制度内在的缺陷又加剧了社会的制度化风险，以制度化风险（因专利制度决策所引发的专利数量激增、垃圾专利、专利诉讼爆炸、专利丛林、专利蟑螂、专利劫持、专利竞赛等弊端）和技术性风险（因专利保护客体所带来的环境风险、伦理风险、人权风险，生态风险等）为代表，历经三百多年成长的专利制度文明典范成为风险的来源，面临诸多挑战和质疑。协同风险控制与创新激励目标，践行以价值整合和范式转换为基础的变革理应成为新时期专利制度改革的题中之义。

第一节 研究背景与研究意义

一、研究背景

制度风险及风险法律控制是风险社会法学研究理论的基本内涵。❶ 人类社会已经在事实上进入德国社会学家乌尔里希·贝克（Ulrich Beck）所称的"风险社会"，科技迭代发展带来新的挑战，专利制度的既有危机促成本书从风险视角对专利制度的改良展开研究。

（一）全球风险社会

"我们今天生活于其中的世界是一个可怕而危险的世界，这足以促使我们去做更多的事情，而不是麻木不仁，更不是一定要去证明这样一种假设，现代性将会导向一种更幸福更安全的社会秩序。"❷ 工业社会时代，无论在政治领域还是社会领域，都将关注的目光集中于发展生产力解决物质短缺。现代社会中，随着技术的快速发展，当国家自以为已经有专业技术系统可以应对危机的时候，这套复杂而细密的机制本身就可能带来更大的风险。❸ 晚近以来，技术与社会的进步极大地促进了人们生活的安定、繁荣与便利，然而，棘手的新冠疫情、剧增的生态环境污

---

❶ 吴汉东. 人工智能时代的制度安排与法律规制 [J]. 法律科学（西北政法大学学报），2017，35（5）：128-136.

❷ 安东尼·吉登斯. 现代性的后果 [M]. 田禾，译. 南京：译林出版社，2011：9.

❸ 朱健刚. 疫情催生韧性的社会治理共同体 [J]. 探索与争鸣，2020（4）：216-223.

染、频发的极端天气肆虐以及泛在的社会治理难题，生活周遭的种种不确定、不可控以及危险性都在提示人们风险的无处不在。现代风险的表现形式多种多样，包括自然风险、社会风险、战争风险、经济风险、环境风险以及政治风险等，其影响到人类社会生活的各个方面，是人类在走向现代化和迈向全球化进程中所遭遇到的共同问题。当今社会中的风险结构已由自然灾害、事故灾难等传统风险占主导地位逐渐向现代风险占主导地位发展，这标志着风险社会的到来。❶ "我害怕" 就是风险社会的箴言，风险已经成为现代社会政治动员的主要力量，风险管理已经成为全球治理的关键内容。公众对风险所带来的担忧及其社会、经济和政治后果的关切，直接促成了风险问题在当代社会的政治化。❷

全球化（globalization）的时代是 "所有那些世界各民族融合成为一个单一社会和全球社会的变化过程"❸。现代风险与全球化有着密切联系，并非孤立存在，风险的影响并非局域的或者个别的，常常突破既有的地域边界和国家边界的限制，无差别地波及整个人类社会，影响全体社会成员，不分地位、阶层与种族。以新冠疫情引发的全球公共健康危机为代表，现代风险具有跨时空性、普遍性以及持续性等特征，其往往迅速蔓延，造成全球性的危害后果，对全球安全和发展产生重大威胁。因而，现代风险的预防、规避和应对已不再是区域性的或个别主体的任务，

---

❶ 张广利. 创新风险治理模式应着重关注现代风险 [J]. 人民论坛·学术前沿, 2019（5）：28–35.

❷ 劳东燕. 风险社会中的刑法：社会转型与刑法理论的变迁 [M]. 北京：北京大学出版社，2015：33.

❸ ALBROW M, KING E. Globalization, knowledge and society：readings from international sociology [M]. London：Sage Publication，1990：9.

而是全球各国共同的责任。

安全已经成为风险社会经济与社会发展的常态化和关键性考量，风险防范正在成为政府最重要的任务之一。❶ 全球风险社会的事实与认知提示两层含义：其一，作为基本要求，要将安全作为一个重要维度引入国家治理、经济发展以及社会进步的视野，以敬畏之心维系好风险防范的安全阀门。其二，作为更高要求，要将激励创新和风险控制放在同一层面加以考量，在发展和安全两个轨道上并行不悖，以完善的制度设计协调好二者之间的关系。面对现代风险的社会性危机状态，国际社会应当加强合作，共商预防灾难的良策，积极防止因疏忽和应对失策而加大灾害的后果，以应对"全球风险社会"的到来。

（二）科技迭代发展

从生存意义上讲，人类社会长期以来所面临的最大风险是物质短缺，现代工业革命在工业发展和科技迭代的基础上逐步满足了人们的物质需求。近半个世纪以来，科学技术的发展日新月异，以新一代信息技术为代表，云计算、大数据、移动互联网、物联网、人工智能、区块链等新技术层出不穷，量子计算、脑机接口等技术领域已突破传统信息技术领域范畴，"数字科技"正成为新一代信息技术的进阶迭代，为经济社会向高级阶段发展注入新的动力。

科学技术的迅猛发展从根本上改变了人类的生产、生活、学习以及思维方式，是现代性难以控制的力量生成的主要原因。"任何主要的技术创新都可能彻底扰乱全球发展的方向，难以驾

---

❶ 金自宁. 风险规制与行政法治 [J]. 法制与社会发展, 2012, 18 (4)：60 - 71.

驭的应先给存在于现代性的内部。"❶ 按照技术自主论的观点，现代技术发展有其内在的逻辑和规律，并影响、支配着观念和社会形态。现代社会已变成了一个"技术的社会"，"在这个社会中，一切都出自技术，为技术而存在，任何东西也都是技术"，❷ 因此，国际架构的形态及其治理也不可避免地越来越受到技术的主宰。然而，尽管科学技术的繁荣推动人类社会越来越进入物质丰裕社会，人类的精神普遍焦虑以及不安全感却与日俱增。绝对风险的减少和对风险感知的增强，成为信息社会的一个普遍特征。❸ 基于技术进步对人类社会发展的重要作用以及技术创新对于民族国家崛起之重要性的认知，"科学主义"以及"技术理性"的理念支配着各国技术政策的制定和技术法律的颁行。在政策议程中，科技创新被前所未有地置于现代化的核心地位，市场价值观——优先考虑速度、利润和突破——正在和与人类健康、公平和多样性相关的更基本的价值观发生冲突。

法学研究的使命不是赞赏科技发展带来辉煌的成就，而是要审视科技可能带来非理性的后果，以及如何通过法治降低科技发展可能带来的风险与非理性。❹ 面对社会的急剧变化，制度尤其是法律制度的变革与创新却相对滞后，法学理念和体系结构的变革更显陈旧，法律具有天然的规范性、制约性和稳定性，因而也具有"守成性"，应当以适切的方式打破科学叙事在创新制度设计方面的垄断地位，并在科技、伦理和法律之间达成最

❶ 安东尼·吉登斯. 现代性的后果 [M]. 田禾，译. 南京：译林出版社，2011：117.
❷ 许良. 恩格斯现代性批判思想研究 [M]. 上海：上海财经大学出版社，2017：147.
❸ 张宪丽，高奇琦. 社会风险化还是心理风险化——对贝克风险社会理论的反思 [J]. 探索与争鸣，2021（8）：71–79.
❹ 韩大元. 当代科技发展的宪法界限 [J]. 法治现代化研究，2018（5）：6–17.

佳的平衡点。

（三）专利制度危机

专利制度存在固有的功能缺陷与危机。尽管制度设计能够增加社会的知识财富，增进社会福利，但从整个开放和竞争的市场来看，专利制度存在技术利用的非最佳效率，专利权人过度补偿其开发成本，以及权利垄断下公众使用和传播共有知识和信息的障碍等弊端。专利本质上是一种合法的垄断权，"积极地容许垄断，从而在反垄断法上开设了一个大洞"❶。专利制度所创设的垄断权在为技术创新提供相当激励的同时却可能妨碍技术的扩散与利用，以至于日益成为获取商业垄断利润的工具。19 世纪 60 年代，英国《垄断法案》施行后，对专利制度持不同意见的商人发起了声势浩大的废除专利运动，以罗伯特·安德鲁·麦克菲（Robert Andrew Macfie）为代表的反对派否认专利权存在的哲学基础"自然权利说"，质疑专利促进技术信息公开的功能，认为许多发明基于其特性并不会在正常的商业形式下披露。反对者认为专利制度"阻碍技术传播""增加生产成本""损害公共利益""妨碍技术改进"，主张废除专利制度，有关专利存废的争论响彻英伦三岛，并波及欧洲大陆。法国经济学家米歇尔·舍瓦利埃（Michel Chevalier）将关税保护和专利垄断相对接、勾连，认为二者"均发端于同样的原理并导致同样的滥用"，呼吁废除专利。时至今日，激烈批评专利制度和专利局的各种声音依然不绝于耳。

---

❶ 吉藤幸朔. 专利法概论 [M]. 宋永林，魏启学，译. 北京：专利文献出版社，1990：11-12.

20 世纪是西方国家依赖专利制度分散技术投资风险，奖励创新投入的世纪，也是发达国家和跨国资本持续推进专利保护秩序的国际协调的世纪。世界各国纷纷建立起了实体与程序内容皆趋同的专利制度。然而，20 世纪 90 年代以来，专利制度在创新激励以及公共健康维护等领域面临诸多质疑和批评，加剧了制度的负面评价。"专利制度在为技术信息提供保护方面已日趋难以做到有效且合适，其对技术创新的激励作用已难以得到持续性的肯定。"[1] 一些学者、专业人士持"专利危机"[2]、"专利扼杀创新"[3]、"专利危害创新"[4] 等论断，质疑专利保护促进技术创新的观点。诺贝尔经济学奖获得者约瑟夫·斯蒂格利茨（Joseph Stiglitz）认为，"专利往往对刺激创新无能为力，在许多领域，广泛的专利保护甚至可能限制创新，导致技术发展缓慢。"[5] 与此同时，公共健康危机已经成为全球化进程中国际社会所面临的重大挑战之一，专利保护与公共健康维护之间日益明显的张力引起广泛关注。有学者认为，由于药品的价格受专利影响，增加新的基本药物通常需要等到药品专利期届满进入仿制药大规模生产阶段，新药专利权与药品消费者的健康权存在明显冲突；[6] 还有

[1] STIGLITZ J. Innovation: A better way than patents [N]. New Scientist, 2006 - 09 - 17.

[2] 丹·伯克，马克·莱姆利. 专利危机与应对之道 [M]. 马宁，余俊，译. 北京：中国政法大学出版社，2013：5.

[3] 辉格. 专利扼杀创新 [N]. 21 世纪经济报道，2011 - 08 - 20.

[4] 亚当·杰夫，乔希·勒纳. 创新及其不满 [M]. 罗建平，兰花，译. 北京：中国人民大学出版社，2007：15.

[5] STIGLITZ J. Economic foundations of intellectual property rights [J]. Duke Law Journal, 2008 (57): 1710 - 1711.

[6] 何隽. 迈向卫生公平：WTO 中的药品知识产权 [J]. 清华法治论衡，2014 (2)：101 - 116.

学者提出，TRIPS 协议作为由发达国家积极主导、发展中国家被动接受的制度安排，更多地顾及和参照了发达国家的要求和做法，忽视了发展中国家实施高标准知识产权保护在人力、财力和技术上遇到的困难，从而引发了发展中国家，特别是最不发达国家的"严重的公共健康危机等新的社会问题"❶。2020 年新冠疫情全球大流行，药品知识产权保护以及疫苗专利成为众矢之的，专利制度的效率与安全问题再度引发普遍关注。在气候变化、环境污染、粮食短缺等全球棘手问题的应对方面，专利保护与上述共性问题的解决之间也存在一定的紧张关系。

面对风险社会，现行专利制度的"先天缺陷"日益凸显，陷入了一场前所未有的危机与挑战。从科学技术发展所带来的专利伦理挑战到市场运营异化所引发的专利伦理风险，一系列科技与经济的巨大变革使专利制度面临着伦理层面的"不能承受之重"❷。在专利制度危机的现实影响下，社会公众对专利制度的信任度正在下降，专利制度产生了"信任风险"，其正当性与合理性不断遭到质疑，专利制度改革得到持续关注。TRIPS 协议限制了各国专利制度改革和创新的自由度，专利制度为数众多的坚定捍卫者增加了制度运转与维系的韧性和黏度，专利制度改良的诸多理论假设和路径设计在开拓思路的同时也使制度的优化、前行难以聚焦聚力，专利制度的变革与改良任重道远。

---

❶ 冯洁涵. 全球公共健康危机、知识产权国际保护与 WTO 多哈宣言 [J]. 法学评论，2003（2）：10 – 18.
❷ 刘鑫. "道义"与"功利"之间：专利制度伦理证成的路径选择与框架设计 [J]. 华中科技大学学报（社会科学版），2021，35（6）：75 – 86.

二、研究意义

风险逻辑能够为专利制度改良提供独到、必要的理论指引。基于风险社会的角度对专利制度改良展开研究，可以使专利法的设计理念以及实践理性得以清晰呈现，促使专利制度的进化与完善朝向更加全面细致和审慎负责任的方向进发。

一方面，本研究有助于促进风险理论与专利制度研究的结合，促成对专利制度价值与范式的重新认识。在专利法领域的"反常和危机时期"，风险理论的应用为完善现代专利制度理论体系提供了重要的工具。第一，风险理论对专利制度的价值取向提出了新的命题。作为一个社会学体系概念，风险认知蕴含了更多的价值内容与责任担当，推崇开放的方式和包容的价值，强调各种诉求、关系的调节，个性、差异的尊重，为专利制度内涵的思考提供了方向和理论指引。在风险社会背景下，专利制度理应突破创新激励的单一功能指向，纳入人本关怀视角，实现多元价值的整合。第二，风险理论研究需要摒弃"单纯的现代观"，正视高速增长和现代性的副作用，强调规范的事实基础和自我反思能力，以及预防功能和长期规划的理性，其前瞻性分析、深刻敏锐的解释力和洞察力为反思和把握现代专利制度范式提供了新的观察视角。

另一方面，本研究有助于促进专利制度研究的科学性，矫正制度异化，增强制度功能。知识产权制度发展路径的选择是基于风险的政策抉择，专利制度的弊端是风险社会知识产权"制度化风险"的典型表现。风险语境下的专利制度研究不仅是一种理论上的建构和价值上的信仰，更是一种实践中的践履。风险理论对专利制度提出了超然于现有运作体系的迫切需求，基于风险控制路径的专利制度变革探索对于专利实践中面临的诸多现实问题富于解释力。本书从制度本源上探寻给定初始状态下，专利制度风险生成的原因与机理，并采用SSP经典分析范式对典型专利风险进行实证研究，提升研究的客观性和科学性，挖掘专利法上的风险控制工具，为专利制度的改革与完善提供合理方案和政策建议，促进专利制度文明更好地应对风险、解决问题，增强整体制度能力，矫正制度异化，以制度价值的实现增进社会福祉。

第二节　研究对象与研究方法

一、研究对象

本书的研究对象是专利制度风险。对专利制度风险的分析须以风险概念的厘定为基础。

（一）风险的概念、分类及特征

1. 风险的概念梳理

在过去的半个多世纪，经历了工业化的高歌猛进后，风险问题日益成为社会发展面临的重大现实问题、经验问题和理论问题，引发普遍关注。"风险"不是现代性的发明，风险概念成为现代社会所特有的概念，与现代社会中人类试图掌控未来的态度及相应实践的意外后果相关。❶

---

❶　金自宁．风险规制与行政法治［J］．法制与社会发展，2012，18（4）：60-71．

"风险"概念最早可以追溯到 17 世纪的航海术语，是指在古代航海贸易中，由于自然（如风暴）或者非自然（如海盗）等因素，导致货物运输过程中面临人身伤害或财产损失的不确定性。按照词源意义上的解释，"风"作为自然现象与"险"相关联，是因为会引起翻船或触礁的危险结果，导致人身伤害或财产损失。风险的最初含义是客观危险的可能性，排除了人的过失和责任，指自然事件与人的生存境遇遭受损害之间的因果关系，因此，风险概念在本质上是负载价值的，指向作为主体的人。工业社会中，风险被认为是可以计算、预测和预防的，经由科学的探索和理性的推理思考，可以预见、测量不可抗力事件，因此早期风险的概念是与概率论和统计学并行发展的，视之为通过科学和技术能够得以认识、计量和控制的客观存在。直至 19 世纪，风险的概念被进一步扩大，由自然事件拓展到人类自身的行为、决策以及相互关系所引致的难以预料的结果。伴随现代化进程，人们逐渐意识到，未能预见的后果可能恰恰是自身行动和决定造成的。

贝克提出，风险是现代化的威胁力量和令人怀疑的全球化所引发的后果。风险在政治上具有自反性，强调风险不是现代的发明，在现代化之前的传统社会就存在风险。❶ 通过捕捉风险社会的特质，贝克从工业化后果的角度，对风险的概念进行了多角度的界定，包括"风险可以被定义为以系统的方式应对由现代化自身引发的危险和不安全""风险有别于危险，是现代化的威胁力

---

❶ 乌尔里希·贝克. 风险社会：新的现代性之路 [M]. 张文杰，何博闻，译. 南京：译林出版社，2018：7.

量和令人怀疑的全球化所引发的后果。风险在政治上具有自反性""现代化进程正变得具有自反性，日益成为其自身的主题和问题，风险概念与自反性现代化概念密切相关"等。❶ 贝克将风险总结为："人们创造了一种文明，以便使自己的决定将会造成的不可预见的后果具备可预见性，从而控制不可控制的事情，通过有意采取的预防性行动以及相应的制度措施战胜种种副作用。"❷ "风险的来源不是基于无知的、鲁莽的行为，而是基于理性的规定、判断、分析、推论、区别、比较等认知能力，它不是对自然缺乏控制，而是期望于对自然的控制能够日趋完美。"❸ 贝克关于风险的定义落脚于"人为的不确定性"，意即风险因人类行为和决策而生发，是人类主动创造的不确定性。在贝克看来，风险并非一个完全实在意义上的概念，而是既具有实在性，是一种物质存在，又具有建构性，是认知的产物。实在性是指工业社会以来的风险是不断发展的工业化与科学生产所引起，以及人类运用知识与技术改造而引发的不确定性及消极后果。建构性是指风险的定义受到政治、文化、社会等因素的影响，"正是文化感知和定义构成了风险"。❹ 也即，风险是主观认知与客观存在的辩证统一。就未来未到来的当下而言，什么是风险取决于人

---

❶ 乌尔里希·贝克. 风险社会：新的现代性之路 [M]. 张文杰，何博闻，译. 南京：译林出版社，2018：7.

❷ 乌尔里希·贝克，约翰内斯·威尔姆斯. 自由与资本主义——与著名社会学家乌尔里希·贝克对话 [M]. 路国林，译. 杭州：浙江人民出版社，2001：119.

❸ 薛晓源，刘国良. 全球风险世界：现在与未来——德国著名社会学家、风险社会理论创始人乌尔里希·贝克教授访谈录 [J]. 马克思主义与现实，2005（1）：44－55.

❹ 芭芭拉·亚当，乌尔里希·贝克，约斯特·房·龙. 风险社会及其超越：社会理论的关键议题 [M]. 赵延东，马缨，等译. 北京：北京出版社，2005：323.

类作为社群的主观认知；❶ 就未来而言，风险可能如期而至造成实际损害，因此其也是客观的物质性存在。贝克的风险观归纳起来包括：风险是指介于安全与毁灭之间的一个特定中间阶段，是客观事实也是道德价值的体现，充满危险的未来将成为影响当前行为的重要因子，也是现代社会在安全机制层面有效控制与失效控制下的人为不确定性后果，是知识领域高度专业化和潜在无知化的伴随性产物，既是本土的也是全球性的，具有"时空压缩"的特性，是通过社会文化感知的。贝克总结了风险研究的五个论题：风险不同于财富，其脱离人类的直观感知又具有系统性危害；现代社会的风险具有反噬性，即风险的攻击对象也包括它的生产者，这有别于阶级在人类社会中的处境；风险在现代社会的传播途径与资本主义体系相类似；风险一旦被公开认知，就会具有政治刚性和烈度。❷ 虽然贝克没有对风险的概念给出一个体系化的完整界定，但其多角度的阐释仍然有着很强的洞察力和学理性，揭示了风险的现代性本质，对建构性的强调深化了人们对风险的认识。在危机当中，最大的风险并不来自风险本身，而来自人们对风险认知的偏差。

目前，关于风险的概念仍然众说纷纭，没有统一标准。学者们将风险定义为预期的损失（Willis，2007）；预期的负效应（Campbell，2005）；不利结果发生的概率（Graham and Weiner，1995）；不利结果严重性概率的测度（Lowarnce，1976）；事件和结果的概率的结合（ISO，2002）；概率 P_i 和后果 C_i 组成的情形

---

❶ 金自宁. 风险规制与行政法治［J］. 法制与社会发展，2012，18（4）：60－71.
❷ 乌尔里希·贝克. 风险社会：新的现代性之路［M］. 张文杰，何博闻，译. 南京：译林出版社，2018：8－10.

Si 的集合（Kaplan and Garrick，1981；Kaplan，1991）；事件/结果与附带的不确定性的二维结合（Aven，2007）等。❶ 瑞典学者汉森（S. O. Hansson）认为风险包含五个方面内容：（1）风险是可能出现的有害事件；（2）风险是可能出现的有害事件的原因；（3）风险是可能出现的有害事件的概率；（4）风险是可能出现的有害事件的统计期望值；（5）风险是在已知概率条件下的决策事实。❷ 日本学者中山龙一则将风险概念区分为"客观主义的风险观"与"构建主义的风险观"，前者将风险理解为具有一定客观性，将"（从过去的统计数据中计算出的）不符期望的事件的发生概率×预测得出的损害规模"称为风险；后者更倾向于把依据行为主体的认知和判断的某种东西作为风险来理解，着眼点放在"将来可能发生的不愿其发生的（人们主观所认识的）事件"之风险概念。按照贝克等人的观点，风险实质是一种事物发展过程中损益发生的可能性，表现为不确定性与不可估量性。❸

"风险"与"危险"有密切关联，与安全相对应，二者都有危害的含义，但也有明显区别。在"风险"一词被创造出来之前，人类并非没有风险，而是多数针对个人危险来说，当时的风险与危险几乎混同适用。风险因其现代性、社会性或人为性、不确定性、系统性、广泛联系性和因果循环性而区别于危险。❹ 在

❶ TERJE A，ORTWIN R. On risk defined as an event where the outcome is uncertain [J]. Journal of Risk Research，2009，12（1）：1 – 11.

❷ HANSSON S O. Risk and safety in technology [M] //MEIYERS A. Handbook of the Philosophy of Science. Oxford：Elsevier，2009：1069 – 1102.

❸ 谭九生，杨建武. 人工智能技术的伦理风险及其协同治理 [J]. 中国行政管理，2019（10）：44 – 50.

❹ 王贵松. 风险社会与作为学习过程的法——读贝克的《风险社会》[J]. 交大法学，2013（4）：165 – 175.

损害可归责于决定者自身时是"风险"的问题，而损害与自身的决定无关时则是"危险"的问题。风险"取决于人的决断，它所导致的损害也是由人的决断决定的"，"而危险是先于人的行为决定的，是给定的，所导致的损害也是由外在的因素来决定的"。❶ 易言之，在区别风险与危险之际重要的不是损害的发生概率，而在于损害是否因自身的决定而发生。

总之，在科学技术、心理学和社会学等领域，风险是长期而重要的研究主题。风险概念受到数学、保险、自然科学技术等领域的深刻影响，逐渐狭义化为一个在"科学"能够证实的范围内，量化评价潜在危害的性质、规模，为干预措施提供科学基础的概念。现实中，"风险"是一个可伸缩的概念，并具有多义性，出于不同目标和语境，会有不同的定义和使用。❷ 在经济学、法学、社会学、心理学等领域，对于"风险"有不同的理解和应对方法。即使从宪法、民法、环境法、刑法、国际法等不同的法律领域，其应对的风险的性格及倾向也不尽相同。❸ 总之，在充分认识风险概念的来源与变化和现代社会中其用法的多义性的前提下，对风险概念进行梳理有其必要性。

2. 风险的分类

风险不是平面、简单的，而是多维、立体和复杂的，以不同

---

❶ 安东尼·吉登斯. 第三条道路［M］. 郎有兴，译. 杭州：浙江大学出版社，2000：179.

❷ 赵鹏. 科技治理"伦理化"的法律意涵［J］. 中外法学，2022，34（5）：1201 - 1220.

❸ 中山龙一. 风险概念·风险社会·东亚统治形态［EB/OL］.（2014 - 02 - 09）［2024 - 04 - 15］. http：//www. law. osaka - u. ac. jp/ ~ c - forumbox5/vol2/nakayama - c. pdf.

的形式隐匿并伺机而动，有着不同的形态以及各异的影响。

（1）风险分类的"二分法"与"三分法"。

按照风险的历史形态来分，风险的分类有"二分法"以及"三分法"。

英国社会学家安东尼·吉登斯（Anthony Giddens）按照简单现代化、反思现代化对风险进行归类，即"二分法"，提出简单现代化下，人们面临"外部风险"（external risk），具体为在一定条件下某种自然现象、生理现象或社会现象是否发生及其对人类的社会财富和生命安全是否造成损失和损失程度的客观不确定性。随着人类自身知识能力的增强、科学技术的进步以及信息量的扩大，对现代化的反思出现了新的风险形式，即"人为风险"（manufactured risk），是人们以往并没有体验到的也是无法依据传统的时间序列做出估计的。相对于外部风险，人为风险有如下特征：一是人为风险是启蒙运动的发展所导致的，是"现代制度长期成熟的结果"，是人类对社会条件和自然干预的结果，即人为性；二是其发生以及影响更加无法预测，即风险的潜在性；三是"后果严重的风险"是全球性的。吉登斯的风险观是唯心主义的，认为风险因自我对于环境的感知而存在，并由自我调整行动来对不确定的外部进行回应；认为风险具有二重性，即风险一方面将我们的注意力引向了我们所面对的各种风险——其中最大的风险是由我们自己创造出来的，同时又使我们的注意力转向这些风险所伴生的各种机会。❶ 吉登斯还将风险分为风险强度和风

---

❶ 鲍磊. 现代性反思中的风险——评吉登斯的社会风险理论 [J]. 社会科学评论，2007（2）：84-88.

险环境两个维度，认为现代社会存在风险强度的增加与风险环境的扩大。

贝克将风险分为前工业时代的风险、工业时代的风险、晚期工业时代的风险，属于"三分法"，是一种按照时代发展的时序进行界分的方法。吉登斯与贝克的分类方法都体现了风险是现代社会的产物。英国学者大卫·丹尼（David Denney）认为吉登斯和贝克共同的理论起点，是把风险视为后现代或后传统社会发展的中心，但不同之处在于吉登斯把由于传统或自然产生的外部风险和人造风险作了区分，吉登斯对风险的分析在很多方面比贝克的著作更实际、更能直接应用于后传统社会。❶

（2）传统风险与现代风险。

基于稳定性的区别，风险可以分为传统风险与现代风险。传统风险相对稳定，风险事件的发生和变化相对较为缓慢，更容易预测和控制，所涉及的地域和受害者是有限的、具体的，是相对较为安全的风险。而现代风险受到技术创新和社会变革的影响更大，变化较为迅速，具有一定的不确定性，有可能超越地域限制、超越民族，呈现出全球蔓延的趋势，不仅影响难以控制，损失也无法估计，甚至危及全人类的存亡。风险社会的风险是现代风险。

（3）自然风险与社会风险。

基于价值关系的判定，风险可以分为自然风险和社会风险。自然风险是自然界及其运动对人的生命与发展可能构成的损害

---

❶ 大卫·丹尼. 风险与社会 [M]. 马缨，王嵩，陆群峰，译. 北京：北京出版社，2009：33.

性关系状态。人类社会中的物化成果及其社会精神产品等社会性存在对人的生命的发展可能形成的损害性关系状态则为社会风险。

自然风险是由自然界的自然灾害或自然事件引起的风险，例如火山爆发、飓风肆虐、洪水泛滥等，这些风险是自然现象的结果。自然现象是人类的实践活动没有影响下而自发产生的，如果自然现象是在人类的实践活动下产生的，即属于社会风险。社会风险主要来自社会和人类活动方面的因素，例如火箭爆炸、核污水排放、交通事故、经济衰退等。自然风险通常具有较低的可控性，因为自然灾害难以预测和控制，其发生和影响往往是非人为的。相比之下，社会风险在一定程度上可以通过人类的行为和决策来进行控制和管理，例如合规措施、风险评估和监管等。自然风险通常具有较广泛的影响范围，可以跨越地域和行业，对社会、经济和环境造成重大损失。社会风险的影响范围可能更加局限或特定，主要关注于人类社会的运作和发展，例如金融市场风险对特定行业或公司的影响。自然风险的主要应对方式是减轻和预防，包括灾害减灾、应急响应和重建等。社会风险则需要更多的社会和人为干预，例如法律法规的制定和执行、舆论引导、风险管理措施等。

现代的社会风险多表现为一种非实体性的抽象存在对人产生的风险，更为致命，而且是不可逆的，可能会引起个人风险、群体性风险，最终导致整个系统的崩塌。

（4）内生型风险与外生型风险。

基于生成的根源，风险可以分为内生型风险与外生型风险。内生型风险是基于事物的内部自身原因引发的风险，通常与自身的内部运作相关。外生型风险来自事物外部的因素和事件，没有直接被组织所控制。内生型风险通常具有较高的可控性，因为其源于事物自身的行为和过程，可以通过内部控制、风险管理来减轻和应对这些风险。外生型风险的可控性较低，通常不受事物直接控制，需要更多地依靠应对措施和风险管理策略来加以应对。内生型风险源于组织自身的因素，通常可以预测和评估。外生型风险更具不确定性，难以准确预测和测量。内生型风险通常局限于事物内部，外生型风险通常具有更广泛的影响范围。任何社会风险的发生都是由内外因素综合导致的，只是内在因素或者外在因素孰多孰少而已，单纯的内生型或者外生型风险很少见。

3. 风险的特征

风险的核心特征是不确定性，不确定性是一种典型的风险话语。约翰·加尔布雷思（John K. Galbraith）将风险社会命名为"不确定的时代"，正是在风险社会这一宏观的现代性语境下，以此强调人们所面临的生存危机与认知困境。❶ 风险是一种复杂的混合体，在不确定性之外，风险还具有一系列双重属性（包括客观性和主观性、积极性与消极性等）以及主体性和历史性。

（1）风险兼具客观性和主观性。

风险既是客观存在，也是主观感知。客观性是指某一事物的存在不以人们的意志为转移，不依赖感觉而存在。吉登斯、贝克、沃特·阿赫特贝格（Wouter Achterberg）等人认为风险具有

---

❶　约翰·加尔布雷思. 不确定的时代［M］. 刘颖，胡莹，译. 南京：江苏人民出版社，2009：280.

客观性。风险是一种对于客体与主体之间关系的价值判断，因此风险也是客观的。无论是否能意识到、是否承认，或者是否进入人们的视野，风险都是客观存在的，且无处不在。风险有其自身的独立性，以现有的知识和方法难以完全把握其规律和对其进行精准地预测。沃特·阿赫特贝格提出风险的不被拒绝性，认为"风险社会不是一种可以选择或拒绝的选择，它产生于不考虑其后果的自发性现代化的势不可当的运动中"❶。尽管学者们对于风险客观性的分析视角各有不同，但都认可风险客观性理论，即不论承认与否，风险都是客观存在的事实。

主观主义风险观认为风险的本质是主体建构出来的，是主体对社会事实进行反思性实践的结果。某事物被认定为风险，并非它本来就是风险，而是人们判断其为风险，判断标准来自特定文化背景的认知和经历。因此处理风险不是严密的逻辑推理和精确的数字计算，而更多依赖于具有象征意义的理想和信念来进行。"借助知识，风险变换样貌，或放大，或缩小，或渲染，或淡化。风险公开接受社会的界定和建构。"❷ "所有关于风险的知识受制于社会文化背景，哲学知识是在此背景中生成的，它们要么与科学家和专家的知识有关，要么与外行人的知识有关。科学知识抑或任何知识从来不是与价值无涉的，而一直是某种观察的产物。据此，风险不是一个静态的、客观的现象，而是作为社会互动网络和意义构成的一部分被构建和商榷的。"❸

---

❶ 沃特·阿赫特贝格. 民主、正义与风险社会：生态民主政治的形态与意义 [J]. 周战超，译. 马克思主义与现实，2003（3）：46-52.

❷ 乌尔里希·贝克. 风险社会：新的现代性之路 [M]. 张文杰，何博闻，译. 南京：译林出版社，2018：9.

❸ 狄波拉·乐普顿. 风险 [M]. 雷云飞，译. 南京：南京大学出版社，2016：30.

道格拉斯（M. Douglas）、韦达夫斯基（A. Wildavski）以及英国学者拉什（S. Lash）持风险主观性的观点，认为风险与人的思想意识有关，是主观意识的结果，强调当今社会风险并没有增多，而是被察觉、被意识到的风险增多和加剧了。拉什指出，"在对贝克和吉登斯的有关风险社会的思想作出最新分析的时候，我们不难发现贝克和吉登斯仍然属于制度主义者。他们将风险界定在一个由制度性的结构所支撑的风险社会中"❶。拉什从主观主义立场对客观主义风险观提出质疑，"风险社会的时代终将过去，而且风险社会现在可能正在走向衰落。在风险社会之后，我们将要迎来的是风险文化时代"。❷

关于风险的主客观之争，本质是关于物质第一性还是意识第一性的问题，是自古以来便争论不休的哲学问题。风险的内涵丰富而复杂，主客观之争在所难免，客观主义和主观主义虽然在理论依托、研究视角、对风险的本质的界定上存在明显的差异，但二者并非截然对立。实际上，风险兼具客观性与主观性的特点，是客观性与主观性的辩证统一。风险既是物质存在，也是社会建构的产物。作为一种未来可能性，从风险可能随着时间流逝而成为实际的损害来说，是物质的存在。就当下而言，什么是风险取决于人类作为社群的主观认知；也就是说，风险同时是社会建构的产物。❸

对待风险需要持辩证态度，人们在风险面前不能无所作为。面临风险时应当积极应对，应对失当则会遭受危害、蒙受损失。

---

❶❷　斯科特·拉什. 风险社会与风险文化 [J]. 王武龙，译. 马克思主义与现实，2002（4）：52－63.

❸　金自宁. 风险规制与行政法治 [J]. 法制与社会发展，2012，18（4）：60－71.

因此，如何应对风险，不仅取决于风险本身的状况、境遇条件，也取决于认识及应对能力，从某种意义上说，后者往往更具有决定性的意义。❶

（2）风险兼具积极性与消极性。

风险在具有消极影响的同时，也具有包括收益在内的积极作用。通常情况下，风险是损失的代名词，在风险的诸多含义中，大多指涉其负面影响，如危害、损失等，这就是风险的消极性。吉登斯认为，"从本质上讲，'风险'一直带有负面的含义，因为它指的是避免人们所厌恶的结果的可能性"❷。风险意味着危险、不确定性和灾难，使人们不分民族、种族、阶级、财富多寡等，都生活在风险的阴影之中。

风险的积极性体现在提升人们的认知与应对能力、促进防范等，也意味着可能带来的希望、机遇以及对未来拓展的空间。现代的"风险—成本—收益"分析模型，也体现出风险更像是一个中性的概念，即某事发生的可能性，有可能是机遇，也可能是损失。学者们也没有完全一味地否定风险，认为"一方面，我们很容易看到可以把我们从过去的束缚中解放出来的许多新机遇；另一方面，我们几乎到处都能看到灾难的可能性，在许多情况下很难确切地说事情会朝哪一方面发展"❸。"风险一方面将我们的注意力引向了我们所面对的各种风险——其中最大的风险是由我

---

❶ 刘小枫. 现代性社会绪论——现代性与现代中国 ［M］. 上海：上海三联书店，2000：47.

❷ 安东尼·吉登斯，克里斯多弗·皮尔森. 现代性——吉登斯访谈录 ［M］. 尹宏毅，译. 北京：新华出版社，2001：193.

❸ 乌尔里希·贝克，安东尼·吉登斯，斯科特·拉什. 自反性现代化：现代社会秩序中的政治、传统与美学 ［M］. 赵文书，译. 北京：商务印书馆，2014：235.

们创造出来的。另一方面又使我们的注意力转向这些风险所伴生的各种机会。风险不只是某种需要进行避免或者最大限度地减少的负面现象，它同时也是从传统和自然中脱离出来的、一个社会中充满活力的规则。"❶ 国内学者庄友刚也认为，"从某种意义上来说，风险社会同时也是一个高度创新的社会，与以往的社会相比，风险社会不仅是一个自由发展程度更高的社会，也是一个发展更快的社会"❷。

总之，风险的出现并不完全与如何避免有关，风险社会也意味着选择余地变大。风险不同于危险、危害，具有积极性以及消极性的二重性特征。

（3）风险具有主体性。

风险与主体关联，离开主体谈风险是没有意义的。❸ 首先，风险源自人类本身，即风险的人化。当代风险社会的风险是一种"文明"的风险，风险的主体是具有实践活动能力的人，风险是由现代性的推进所引致、造就的人对自身的威胁，制度风险以及现代技术风险本质上都是人类自己制造出来的风险，人与人之间互为风险源，任一个体的风险都可能系统化、公共化，演化为系统风险和公共风险。如一个头部企业可导致一个行业产生系统性风险。其次，风险不仅来源于人，而且风险的威力也作用于人。"我们全都不由分说地卷入一场宏大的实验，这场实验是由我们

❶ 刘小枫. 现代性社会绪论——现代性与现代中国 [M]. 上海：上海三联书店，2000：47.
❷ 庄友刚. 风险社会批判：历史唯物主义现代性批判的历史逻辑 [J]. 常熟理工学院学报，2007，21 (7)：1-6.
❸ 刘尚希，李成威. 防范化解重大风险的理论分析 [J]. 经济学动态，2023 (5)：3-16.

自己进行的，同时又在极大程度上超越了我们的控制。"❶ 最后，不同的主体对风险有着不同的感知。风险带有主体意识形态的色彩，在不同文化、宗教以及意识形态的国家，人们对于风险的感知、认识、评价、处置方式均千差万别，这与风险感知主体长期所受的教育、经历、信仰等有关。

（4）风险具有历史性。

从风险的语义更迭中可以看出，风险一词历史悠久，而且语义不断变化。在人类不同的社会历史阶段，随着生产力的发展，科技的进步，风险表现形态也发生着历史性的变迁。与此同时，"人们的风险意识观念也在一定意义上反映了特定历史条件下人的生存发展状态和自我意识水平"❷，人们对于风险的规模、程度、类型与思维方式、应对方式等方面都发生了深刻的变革，此种变动也作用于风险的改变。风险不会落伍于社会潮流，甚至有时候风险走在最前面，预示着、引导着社会潮流，导致风险的变迁与社会的发展错位，表现为严重的不平衡性。因此，风险因贯穿于历史而具有历史性。

总之，贝克所描述的风险的本质，是科学化、技术化发展引发的对于人类及地球的反噬，即非预期效果。人类在现代社会飞速发展的生产和活动中，改变了人与自然、人与社会、人与人之间某种关系，即生产力改变了生产关系，这种关系反过来给人的存续和继续发展造成了制约，或者可以称为更为严重的困难和阻碍。科技的进步和工业的发展正超出传统工业社会的理解，已经

---

❶ 乌尔里希·贝克，安东尼·吉登斯，斯科特·拉什. 自反性现代化：现代社会秩序中的政治、传统与美学 [M]. 赵文书，译. 北京：商务印书馆，2014：76.

❷ 刘岩. 风险社会理论新探 [M]. 北京：中国社会科学出版社，2008：147.

造成了脱离局部地区和特定人群的限制，更具有不确定、复杂和全球性的破坏性。现代风险就是一种理性化的悖论：知识、法制和科技越发展，越自由创造，人们越是更多地知道那些不可预测的未知事物，人们越陷于更大的不确定性，越面临更多的可能性，因而也越面临更多的风险。❶

（二）专利制度风险的概念界定

专利制度与风险的耦合，是风险社会语境下的一场"现代性后果"。一方面，专利制度带来了贝克所述的"技术—经济的'进步'形成的力量"❷，此种力量正是现代社会风险的主要促成者。另一方面，在所有的风险形态中，技术风险是一种典型、基础性的风险形态，在一定意义上成就了我们认识和把握风险社会的"元语言"，专利制度风险基于技术风险的基本形态而衍生。

1. 专利制度功能的二重性

专利制度是旨在保护发明者的创新成果并鼓励技术创新的一种法律制度。它赋予发明者对其发明的独占权和排他权利，使其能够在一定时期内拥有对其发明的控制权。通过申请专利，发明者可以防止他人在未经许可的情况下制造、使用或销售该发明，从而鼓励技术创新和经济发展。专利制度的核心原则是公开和保护，即发明者公开其发明的技术细节，以交换对其发明的独占权利保护。这种制度有助于促进知识共享、技术转移和市场竞争。

专利制度奖励能够创造新的、有技术性的、能够应用于工业领域的发明。发明者可以获得专利保护，确保创新成果得到认可

---

❶ 高宣扬. 鲁曼社会系统理论与现代性［M］. 北京：中国人民大学出版社，2005：260.

❷ 乌尔里希·贝克. 风险社会：新的现代性之路［M］. 张文杰，何博闻，译. 南京：译林出版社，2018：前言7.

并获取商业利益，从而激励更多的人去进行技术创新。发明者对其发明享有的独占权，防止他人在未经许可的情况下进行商业化利用，这为发明者提供了经济利益和市场优势，鼓励投入更多资源和时间去进行创新。而且，专利文件包含了详细的技术信息，若取得专利即须对公众开放，这使得其他人可以学习最新的技术并在其基础上进行创新，促进市场竞争，有助于促进技术的交流和转移，推动技术进步和社会经济的发展。可以说，专利制度是一项精妙的设计，平衡发明者的权益和社会的利益，鼓励创新并促进技术的发展和应用。创新者可以在一定时期内获取专有权，从而推动科技进步和经济繁荣。

但凡事都有两面性，作为一个制度的优势之处，往往成为其风险来源。专利法作为促进创新，鼓励新技术的发展，增加人类知识储备的主要政策工具，为了达到该目标，通过专利立法创建各种法律规则以规制各种技术的创造和使用。"人们用来应对风险的现代治理机制和各种治理手段，本身也是滋生新型风险的罪魁祸首。"❶专利制度风险也即在各种规则中产生。法律作为维护社会秩序的力量，会异化为破坏社会秩序的力量，天然具有悖论性。由于有限理性的限制，专利保护"是一种迫不得已的制度安排"❷和"必要之恶"❸，通过法律对技术创新的产权认定，以合法垄断和静态损失为代价换取创新激励，在转换、分散风险的

---

❶ 劳东燕. 风险社会中的刑法：社会转型与刑法理论的变迁 [M]. 北京：北京大学出版社，2015：16.

❷ 安佰生. 洛夏墨点：关于知识产权保护制度与竞争政策关系的争论 [J]. 经济理论与经济管理，2008（2）：29-34.

❸ LEMLEY M A. Ex ante versus ex post justifications for intellectual property [J]. University Chicago Law Review, 2004 (71): 129-149.

同时，也滋生了新的风险。

2. 专利制度风险的概念、性质与分类

专利制度风险是一种现代风险、社会风险，是指因专利制度决策与制度运行，以及专利权所保护的技术客体所引发的消极后果与不确定性。专利制度风险，既是制度决策内置的先天风险——专利保护作为一种制度安排，实质上是通过公权力保障私人合法垄断权，这本身就是政府对自由市场的一种"干预"；也是制度运转失灵的潜在风险——对制度性的规则的制度化违背；也是专利技术客体的现实风险——旨在预防不确定性的技术与知识本身也是制造风险的来源。

作为一种人造风险，专利制度风险包括专利制度化风险与专利技术性风险。制度化风险是全球化进程中由制度与决策所触发的问题与风险；技术性风险是工业社会中技术的无节制发展对人类社会造成的不确定性与危机。

二、研究方法

本研究为交叉学科研究和综合研究，主要采用以下研究方法。

（一）规范分析法

规范分析法是根据公认的价值标准，对社会生活以及经济运行中应该具有的合规性和结果进行阐述和说明。规范分析涉及已有的事物现象，对事物运行状态做出是非曲直的主观价值判断，力求回答"事物的本质应该是什么"。在法学研究领域，规范分析法是最常用的分析方法，是对法律问题依据有关的法律法规进行分析，其目的是确定现有的立法能否解决提出的法律问题并在此基础上发现是否存在立法缺陷或立法缺失，进而进行研究解决。法律领域的规范分析法在两个层面上展开。一个层面针对规范的内部结构及其背后的支配力量，即传统分析法学的主攻方向；另一个层面则针对规范运行的司法效果。❶ 本书采用规范分析方法，从理论上对专利制度规范的具体规定进行研究与阐释，通过对规范意旨及实效的解释，进行价值判断的诠释，分析现行专利制度的利益结构与价值层级在风险规制功能方面的不足。

（二）实证研究法

实证研究法与规范分析法相对应，作为哲学层面上的方法论，在法学分析中有着普遍性的应用。与规范分析关注价值判断不同，实证分析是同事实判断相关的分析，是关于世界的客观性论述，注重从大量的经验事实中通过科学归纳，总结出具有普遍意义的结论或规律，关注的问题为描绘出"是什么"。本书采用实证研究方法，在对专利制度风险进行概念厘定的基础上，提出风险与专利制度之间相互关系的假设，回答专利制度风险"是"以专利资助政策、区块链专利技术等客观风险事实为样本，对本书构建的专利制度风险 SSP 分析框架进行实证的验证与剖析，提高研究结论的科学性与客观性。

（三）SSP 范式分析法

SSP 范式分析法是美国法经济学者爱伦·斯密德（Allan Schmid）建立的一种用于研究制度与绩效关系的通用范式

---

❶ 谢晖. 论规范分析方法 [J]. 中国法学，2009（2）：36 - 33.

（paradigm）。SSP 范式的构成包括状态（situation）、结构（structure）和绩效（performance）。状态指个人、团体和物品的特性；结构代表社会的权利结构和游戏规则，由制度或权利的选择组成，其对成本与收益的形成和方向起作用；绩效是结构（制度与权利选择）的函数，阐明具体的权利结构如何影响人们的收益与成本。SSP 分析范式中，状态是给定的，结构是可选择的（基于公共选择），而绩效取决于给定状态下的结构选择。"状态—结构—绩效"（SSP）分析范式是一种比较新颖的分析制度与绩效关系的研究方法。本书采用 SSP 范式分析法，构建适用于专利制度风险分析的理论框架，分析给定的初始状态下，专利制度风险生成的原因与机理。

（四）多学科综合研究法

多学科综合研究法是运用多学科的理论、方法和成果，从整体上对某一问题进行综合研究的方法，也被称为"交叉研究法"，根据视角的不同可概要地分为方法交叉、理论借鉴、问题拉动、文化交融等层次。方法交叉有方法比较、移植、辐射、聚合等；理论借鉴主要指新兴学科与成熟学科之间知识层次的互动；问题拉动是以较大的问题为中心所展开的多元综合过程；文化交融是不同学科所依托的文化背景之间的相互渗透与融合。❶交叉研究法打破学科界限，超越于传统分科研究，融合各学科知识发展出综合、交叉、比较的新的领域的知识、概念、方法或技巧，具有开创新领域的优势。本书综合运用法学、经济学、公共政策学研究方法和理论，分析专利制度的风险分配功能，风险衍

---

❶ 刘啸霆. 跨学科研究：理论与方法［N］. 光明日报，2006 – 03 – 28.

生机理、风险控制中的制度功能，评价现行制度模式，设计制度变革方案，提出相关对策建议。

第三节 研究现状述评

一、风险社会的相关研究

德国社会学家乌尔里希·贝克 1986 年在《风险社会》一书中首次使用"风险社会"概念对后工业社会现实进行建构性描述，后续以吉登斯为代表的一批西方学者针对现代性困境及其所导致的现代风险进行了深入研究，相关研究成果丰富，涉及领域较广。

（一）国外关于风险社会的研究概况

1. 风险社会研究的代表性成果

风险社会时代，对风险的关注全面支配着政治、经济、社会与私人场域的讨论。贝克认为风险社会"指的是一组特定的社会、经济、政治和文化的情境，其特点是不断增长的人为制造不确定性的普遍逻辑，它要求当前的社会结构、制度和联系向一种包含更多复杂性、偶然性和断裂性的型态转变"❶。贝克认为当今所有的国家和民族已经被纳入一个休戚与共、相互依存的"风险共同体"，试图提出一种新的现代化理论——风险社会理论，

---

❶ 芭芭拉·亚当，乌尔里希·贝克，约斯特·房·龙. 风险社会及其超越：社会理论的关键议题［M］. 赵延东，马缨，等译. 北京：北京出版社，2005：7.

来解答全球风险社会的动因、景象。

　　20 世纪 60 年代以来，伴随着科学技术的进步及发展，人们的生活质量和水平较之以往得到了极大的改善和提高。与此同时，全球性的工业化进程的加快使现代社会越来越多地面临各种人为风险，例如核泄漏事故、交通事故、环境污染等一系列社会问题，各种风险议题风起云涌。风险问题因其为社会发展面临的重大现实问题、经验问题和理论问题，而引发普遍关注。贝克提出"风险社会"概念后，吉登斯、尼古拉斯·卢曼（Niklas Luhmann）、拉什等对风险进行了比较深入的研究，形成了有关风险社会的系统理论。

　　贝克的风险社会理论以现代性发展为切入点，在资本主义工业社会的框架内，认为现代国家所要面临的首要问题已经不是物质匮乏，而是风险前所未有的多样性以及风险所造成结果的严重性。贝克认为，在资本主义工业社会（风险社会），物质分配问题已经不再是主要难题，而风险分摊的逻辑才是所有国家必须费尽心思所要解决的问题。"财富生产的'逻辑'统治着风险生产的'逻辑'"。❶ 贝克还提出，随着科技的进步，工业生产的过剩，工业社会由其自身系统制造的危险而身不由己地突变为风险社会。而用以规避随之而来的各项风险的法律制度，风险制定本身是用来规避风险，却因此造成了更大的风险。并且，其风险社会理论认为，风险根植于现代社会的制度之中，当代社会风险是一种制度性风险，它是现代性制度变异过程中的产物。风险社会

---

❶　乌尔里希·贝克. 风险社会：新的现代性之路 ［M］. 何博闻，译. 南京：译林出版社，2004：序言 6.

的概念消除了自然与文化之间的差异。贝克在《风险社会》一书中提出风险社会的概念，描绘了风险社会的特征，但没有对风险演化机理和风险防范机制展开分析。

英国社会学家吉登斯则认为，风险这个概念的诞生意味着人们意识到，未能预见的后果可能恰恰是我们自己的行动和决定造成的，这种界定使风险一词与自然灾害区分开来。所以吉登斯认为风险是现代社会才有的一个概念，"传统文化中并没有风险概念，因为他们并不需要这个概念"❶。克里斯·希林（Chris Shilling）和菲利普·梅勒（Philip Mellor）对吉登斯风险理论中的社会行动思想进行深入分析，认为吉登斯是从行动者社会行动的心理层面分析进而对风险社会进行建构，并且对风险社会的理解更加倾向于制度主义。❷

卢曼对风险问题有多年的思考与研究，认为"根本不存在无风险的决策，只要人们做出决策，风险便无法避免"❸，其风险理论被称为风险社会学的"第三条路"。在代表作《风险社会学》中，卢曼运用系统理论界定风险的概念内涵，对法律、政治、经济、科学等领域进行风险分析与总结。卢曼建立风险概念的主要方式，是对风险本质论和风险建构论的批判反思，认为风险建构论的主要缺失，是忽略了风险的实质内涵，风险不能凭空想象，其实质是未来的不确定性。卢曼认为，要探讨一件事为什么被认为是有风险的，不能单看这件事本身，而是要看社会大众

---

❶ 吉登斯. 失控的世界［M］. 周红云，译. 南昌：江西人民出版社，2001：18.

❷ 克里斯·希林，菲利普·梅勒：社会学何为？［M］. 李康，译. 北京：北京大学出版社，2009：11.

❸ LUHMANN N. Risk：a sociological theory［M］. Translated by Rhodes Barrett. New Brunswick：Aldine Transaction，2005：28－31.

如何看待这件事，社会学家必须对观察者对风险的观察进行观察，即《风险社会学》里多次提及的"二阶观察"。❶卢曼借由系统理论分析的二阶观察所得出的"风险/危险"这组区分作为论证的出发点。

玛丽·道格拉斯（Mary Douglas）与阿伦·维达夫斯基（Aaron Wildavsky）所著的《风险与文化》（*Risk and Culture*）（1982）开创性地将社会文化与风险相关联，通过比较不同社会感知、归责风险的差异，揭示了道德、政治等因素如何形塑风险，达成社会整合，将人类学、社会学及其他社会科学相互融合，提出了建构主义风险认知学派，构建了以群体为单位认知与解释风险的社会学。斯科特·拉什（Scott Lash）继承并发展了该学派的理论，认为风险文化依附于一种既非系统性也非制度性的社会状态而存在，它不依靠程序规则和规范进行传播，而是依靠其风险文化本身所具有的文化价值传向每一个体。❷

马克思主义经典著作对于风险也有相应论述，《共产党宣言》指出，风险社会的产生，各种全球性风险的出现，是由于人们的相互作用、人们自身的物质活动而产生的异己的力量，这种异己的力量最终要靠人们的实践本身来克服。❸

2. 国外风险社会理论研究的最新成果

莫里·科恩（Maurie J. Cohen）（1997）将贝克的风险社会

---

❶ 郑作彧，吴晓光. 卢曼的风险理论及其风险 [J]. 吉林大学社会科学学报，2021，61（6）：83 – 94，232.

❷ 杨君，彭少峰. 超越与反思：风险社会的三种研究传统及新的尝试 [J]. 哈尔滨工业大学学报（社会科学版），2013（4）：11 – 15.

❸ 马克思，恩格斯. 共产党宣言 [M]. 中共中央编译局，译. 北京：中央编译出版社，2005：31.

理论和约瑟夫·胡贝尔（Joseph Huber）提出的生态现代化理论结合成一个统一的框架，提出特定社会的发展方向将取决于其对科学理性的倾向。❶ 安东尼·艾略特（Anthony Elliott）（2002）指出贝克风险社会理论存在的不足，并提出社会关系中反身性和反思的混合、当代统治和权力意识形态现代性和后现代化的辩证概念等方法，以追求风险和反身性之间的联系，对贝克社会学理论方法的重新表述和进一步发展作出了贡献。❷ 格罗斯·马蒂亚斯（Gross Matthias）（2016）认为贝克对风险本身的概念等问题的许多看法是对未知理论的补充甚至替代，其风险观不再适用于他所描述的世界，从而成为僵尸范畴之一，并以潜在的恐怖主义对人类健康与安全的袭击等案例讨论了贝克对未知概念的一些尝试。❸ 琼·阿巴斯（Jong Abbas）（2022）提出将风险社会（作为一个参考单位）与皮埃尔·布迪厄的行动和场域理论并列，指明贝克的许多概念和范畴在具体世界中出现的偶然性，另外，也可以考虑社会现实中真实存在的划分，试图克服贝克的一些认识论问题。❹ 这些理论研究进一步丰富了贝克的风险社会理论，使风险社会逐渐成为社会学的一个重要分支，也为其他学科基于风险社会的理论研究提供了理论依据。

学者们将风险社会理论应用于各领域。萨宾·塞尔乔

❶ COHEN M J. Risk society and ecological modernisation alternative visions for post – industrial nations ［J］. Futures, 1997, 29（2）: 105 – 119.

❷ ELLIOTT A. Beck's sociology of risk: a critical assessment ［J］. Sociology, 2002, 36（2）: 293 – 315.

❸ MATTHIAS G. Risk as zombie category: Ulrich Beck's unfinished project of the 'non – knowledge' society ［J］. Security Dialogue, 2016, 47（5）: 386 – 402.

❹ ABBAS J. World risk society and constructing cosmopolitan realities: a bourdieusian critique of risk society ［J］. Frontiers in Sociology, 2022（7）: 1 – 13.

（Sabine Selchow）（2016）超越风险社会理论，提出"世界化"的世界的概念，用于研究国家安全的问题。❶ 桑恩·瓦门·拉森（Sanne Vammen Larsen）（2016）提出风险社会的特征对影响评估作为决策支持工具提出了理论挑战。❷ 罗伯特·阿斯皮诺尔（Robert W. Aspinall）（2016）将风险社会理论应用于日本国内关于教育改革的话题。❸

鉴于风险社会对于生态环境、教育等方面的重要影响，学者也在这些方面进行了论述，提出相应的解决方案。迈森·加布（Mythen Gabe）（2018）以贝克的贡献作为背景和定位，将贝克关于风险理论研究成果与过去四十年的演变联系起来，认为风险是一种社会发展的催化剂，呼吁重新考虑风险社会观点对未来风险研究工作的效用。❹ 史蒂文·比亚洛斯托克（Steven Bialostok）、罗伯特·惠特曼（Robert L. Whitman）以及威廉·布拉德利（Willam S. Bradley）（2012）研究了当代西方社会如何成为"风险社会"及风险社会与教育的关系。❺

贝克也持续深化风险社会方面的研究，2006 年提出世界风险社会中的生态和金融危险，可被概念化为副作用，恐怖主义网

❶ SELCHOW S. The paths not（yet）taken：Ulrich Beck，the 'cosmopolitized world' and security studies［J］. Security Dialogue，2016，47（5）：369 – 385.

❷ LARSEN S V. The challenges of risk society for impact assessment［J］. Journal of Risk Research，2016，20（11）：1439 – 1449.

❸ ASPINALL R W. Children's rights in a risk society：the case of schooling in Japan［J］. Japan Forum，2016，28（2）：135 – 154.

❹ GABE M. The critical theory of world risk society：a retrospective analysis［J］. Risk Analysis，2018，41（3）：533 – 543.

❺ BIALOSTOK S，WHITMAN R L，BRADLEY W S. Education and the risk society：theories，discourse and risk identities in education contexts［M］. Leiden：Brill Sense，2012：308.

络的威胁是蓄意的灾难，刻意利用现代民间社会脆弱性的原则取代了偶然和偶然性原则。[1] 贝克2013年强调当代生产活动和社会动态带来的危险的全球性质，根据形成风险社会理论的要素，分析了通过网络化知识构建主动管理全球风险的可能性和影响，使科学界在任何适当管理发展潜在威胁的尝试中发挥核心作用。[2] 2015年贝克去世后，一些其生前作品被发表，其中包含一些核心观点，比如风险社会不是关于商品的负面副作用，而是关于坏的正面副作用，正在产生共同利益的规范性视野，即"解放性灾难主义"。[3] 贝克、安德斯·布洛克（Anders Blok）、大卫·泰菲尔德（David Tyfield）、张悦悦（2013）提出，为了应对处于危险中的世界，当地和全球可能出现气候风险的世界性社区，以及从纠缠不清的现代性威胁其自身基础的观点出发，主张对社会学进行完整的概念创新，以便更好地理解当今资本和风险全球化所塑造的社会动态的基本脆弱性和可变性。[4]

（二）国内关于风险社会的相关研究

1. 国内风险社会研究的相关进展

"风险社会"已经成为人们观察、理解、诠释和分析现代社会的重要指引，为理解现代社会的结构特点、风险成因及系统治

---

[1] BECK U. Living in the world risk society [J]. Economy and Society, 2006, 35 (3): 329 – 345.

[2] BECK U, LEVY D. Cosmopolitanized nations: re – imagining collectivity in world risk society [J]. Theory, Culture and Society, 2013, 30 (2): 3 – 31.

[3] BECK U. Emancipatory catastrophism: what does it mean to climate change and risk society? [J]. Current Sociology, 2015, 63 (1): 75 – 88.

[4] BECK U, BLOK A, TYFIELD D, et al. Cosmopolitan communities of climate risk: conceptual and empirical suggestions for a new research agenda [J]. Global Networks, 2013, 13 (1): 1 – 21.

理提供了独特的视角。国内社会科学领域也对风险社会相关理论展开了深入研究，取得丰富成果。早期研究中，多以对风险社会的各个流派的理论研究为主，鲍磊（2007）认为吉登斯风险的观点和思想具有其内在的逻辑性和鲜明的现实性，其思想将风险置于现代社会的宏观考察之中，并以此来反思和重构现代性，也从另一个方面总结了贝克的现代性。❶ 张海波（2007）将风险社会研究理论划分为四种研究范式："现实主义—社会风险""建构主义—社会风险""建构主义—公共危机""现实主义—公共危机"，提出宜整合社会风险与公共危机研究，加强对社会风险在建构主义维度的研究，提炼社会风险研究的"中国经验"。❷这四种研究范式的开创为之后的研究范式奠定了坚实的基础。刘程（2008）从认识论、方法论、理论旨趣、分析维度和风险应对策略等层面，对贝克和卢曼的风险社会思想进行比较研究，认为贝克倾向于建构主义的现实主义，而卢曼属于强建构主义；贝克采用制度主义的方法论，卢曼采用系统主义的方法论；贝克将风险作为分析对象，卢曼将风险作为社会学分析的一种理论视角；贝克倾向于社会批判的价值维度，卢曼从非道德化的维度展开；在风险应对方面，贝克强调反思性科学化和全球"亚政治"的策略，卢曼更为悲观，强调了二阶观察的重要性。刘程认为，二者的风险思想中有待商榷之处，包括贝克将风险社会的希望主要寄托在人们的反思理性、自反性现代化上，卢曼认为风险问题

---

❶　鲍磊. 现代性反思中的风险——评吉登斯的社会风险理论 [J]. 社会科学评论，2007，63（2）：84－88.

❷　张海波. 社会风险研究的范式 [J]. 南京大学学报（哲学·人文科学·社会科学版），2007，176（2）：136－144.

分散在不同的"自我指涉的"功能系统中，所以风险问题不可能从根本上得到消除和解决。❶ 刘岩（2009）分析了风险文化建构论、风险社会转型论、反身性现代化等三种理论，认为风险社会理论对传统安全的社会秩序观与过度乐观的社会发展观构成了挑战，应根据风险建构的社会放大效应对风险危机做出科学的应对。❷ 贝克、邓正来、沈国麟（2010）谈话中集中讨论了风险社会的诸多特性，如启蒙功能（开启各种替代性现代性的空间）、沟通性的世界主义逻辑（全球语境下的公共协商）及想象的世界主义共同体（通过大众传媒消解想象的"他者"），同时探讨了风险社会与中国、全球化，以及风险社会与社会科学研究，是对贝克风险社会理论的补充解释和新的思想成果。❸ 李姚姚（2020）认为风险范式的研究应该增加第五范式，即风险研究的技术范式。❹

进入 2010 年以后，风险社会理论多有应验，国内学者对于风险社会的研究多倾向于与本国国情联系的应用，并将风险的应对与国家治理相关联。童小溪（2010）认为风险社会的到来并不是由于科学的衰落，而恰恰是因为科学的普及和成功，正是科学决策本身产生了风险，仅靠科学或科学家本身无法预测、无法

---

❶ 刘程. 贝克和卢曼关于风险的社会学思想比较 [D]. 上海：华东师范大学，2008：37.

❷ 刘岩. "风险社会"三论及其应用价值 [J]. 浙江社会科学，2009（3）：64 – 69，126 – 127.

❸ 贝克，邓正来，沈国麟. 风险社会与中国——与德国社会学家乌尔里希·贝克的对话 [J]. 社会学研究，2010，25（5）：208 – 231，246.

❹ 李姚姚. 技术进步与秩序失调：我国技术时代的社会稳定风险起源 [J]. 科技进步与对策，2020，37（3）：1 – 7.

阐释或无法防范风险。❶ 蒯正明（2011）认为现代性风险在全球范围的扩张从根本上说是资本在全球范围扩张的结果，而贝克等对全球风险分析忽视了风险社会与资本社会的内在关联，这也决定贝克难以找到全球风险社会的真正症结和关键动因。即贝克虽然提出了风险社会理论，但没有诊断出全球风险社会的病因，因此无法对症下药。"跨国国家"或"相容主权"模式，建立一种超越民族国家模式的社会和政治治理的新形式来应对全球风险社会也是颇具理想主义色彩的一厢情愿。❷ 郑永年、黄彦杰（2012）分析中国式风险社会，总结现有各式风险的应对策略，提出中国现在的"高风险社会"其最大的风险并不是国家的存亡或者经济的崩溃，而是市场化所带来的、涉及基本生活质量和生活环境方方面面的风险，解决社会风险的最直接的方式是发展社会保险制度，将分散在社会底层的风险重新由国家承担起来，从而为国家治理、规避风险提供了一种可行的思路。❸ 杨亮才、雷云飞（2014）认为风险是在满足欲望的同时与掣肘的风险之间进行博弈所生发出来的观念，引申出风险与财富的分配是风险社会理论的基本维度，要充分正视财富分配和风险分配所产生的风险叠加效应，加强制度建设，积极推动风险治理机制的变革。❹ 王郅强、彭睿（2017）通过对道格拉斯风险文化理论的梳理，认为风险社会理论是文化多样性的跨文化分析工具，为构建

---

❶ 童小溪. 风险社会中的转基因主粮论争 [J]. 探索与争鸣, 2010 (12): 20 - 22.

❷ 蒯正明. 贝克全球风险社会理论解读与评述 [J]. 哈尔滨师范大学社会科学学报, 2011, 2 (6): 11 - 17.

❸ 郑永年, 黄彦杰. 风险时代的中国社会 [J]. 文化纵横, 2012, 25 (5): 50 - 56.

❹ 杨亮才, 雷云飞. 风险与财富: 关于风险社会的哲学反思 [J]. 山东社会科学, 2014 (3): 11 - 15.

我国具有国际视野、中国特色的现代风险文化理论范式提供了借鉴和启示。❶ 范如国 (2017) 分析全球风险社会的典型特征，提出现代社会是一个具有高度内生复杂性、测不准性等特征的复杂系统，复杂性是全球风险社会形成的根本机理与原因，针对复杂性传统的范式已经失效，实现风险治理的范式转型，成为全球风险社会治理亟待解决的重要课题。而构建全球风险社会治理的共同价值与机制在充分考虑内生复杂性、不确定性、脆弱性等的基础上，尽快建立和完善全球共同认可、遵守的价值理念和文化，构建具有权威性、约束力的治理机制，展开科学决策，学会反脆弱。❷ 文中提出的培养共同的价值体系，实现国际上多边协同合作，早已成为我国对外政策中重要的组成部分。张广利、黄成亮 (2018) 认为风险社会理论因其是基于西方发达国家所面临危机而提出的理论，具有一定的局限性。结合我国本土的特点，加强本土化研究很有必要，应该坚持"以中国为中心、以中国为方法"的研究立场，坚持"返回国情、返回历史、返回实证"的学术取向，避免一味地移植与套用，研究出对我国经验具有解释力的概念体系和理论范式。❸

　　国内学界对风险的应对展开广泛研讨。高小平 (2019) 认为风险社会理论是理解当今诸多社会问题的一把钥匙。但对于风险社会的应用范围应加以划定，以防止产生夸大风险的"新风

---

❶ 王郅强，彭睿. 西方风险文化理论：脉络、范式与评述 [J]. 北京行政学院报，2017 (5)：1－9.

❷ 范如国. "全球风险社会"治理：复杂性范式与中国参与 [J]. 中国社会科学，2017 (2)：65－83，206.

❸ 张广利，黄成亮. 风险社会理论本土化：理论、经验及限度 [J]. 华东理工大学学报（社会科学版），2018，33 (2)：10－16.

险"。要正确地分析风险与危机之间的关系，看到风险社会的另一面——正常社会，坚持社会主要矛盾的理论，坚持以改革和发展的态度对待风险与冲突，并致力于风险治理与危机治理制度的创新。● 应验（2021）认为现代风险使每个人都难以置身事外，整个社会乃至全球成为共同体，因此治理的逻辑和风险的特点相结合，要正确对待公共危机并以此为契机加快政策创新，使公共利益最大化，即善治式管理。❷ 易承志、龙翠红（2022）提出，因为风险社会带来了具有复杂性、高度不确定性和系统性的社会风险，面对社会风险可能给全体社会成员带来的潜在损失，需要通过具有整体性、自适应性及自我修复特征的韧性治理进行有效的应对。❸ 张康之（2022）提出就人类陷入风险社会而言，系统性的压力作用于每一个人，要求人必须成为道德化的存在物。中国提出了构建人类命运共同体的主张，真实反映了全球风险社会的要求。❹

　　一些学者基于马克思主义理论方法的视角对风险社会展开相关研究。莫凡、谭爱国（2013）认为马克思主义风险思想的基本内容包括：资本在形态转化中会遭受风险；金融投机的意图是以最小风险换取最大利润；资本家篡夺了生产资料所有权因此要承担风险；资本通过联合来使自己免遭风险等。马克思主义风险

---

❶ 高小平. 风险社会与危机治理理论的限度及其辩证思考——兼评《邻比冲突及其治理模式研究》对制度创新理论的贡献 [J]. 中国行政管理，2019（5）：124 - 130.

❷ 应验. 风险社会中的公共危机治理 [J]. 中国治理评论，2021，11（1）：116 - 131.

❸ 易承志，龙翠红. 风险社会、韧性治理与国家治理能力现代化 [J]. 人文杂志，2022（12）：78 - 86.

❹ 张康之. 论风险社会中的制度融合 [J]. 阆江学刊，2022，14（5）：114 - 126，174.

思想为探寻风险根源提供了基本思路，为防范风险提供了基本方法。❶ 宋宪萍、孙茂竹（2018）提出，风险发生于对资本的追逐过程中，并演化成与资本如影随形的系统体系。资本主义生产过程揭示了风险的生成、生长、演化的各种发展形式和内在联系的逻辑，资本主义流通过程则说明了风险系统本身的复杂性和特定时空序列中风险的自我发展运动过程和再生产结构。资本主义的系统风险实质上是资本逻辑的风险，其无法通过风险衍生系统的自适应来化解，人的全面自由发展唯有通过变革资本关系。❷ 杨之涵、罗思东（2022）提出了风险社会理论应对全球风险存在的局限性，提出将马克思主义阶级分析法和风险社会理论结合，超越现代风险社会理论，为人类社会迈向人类命运共同体提供切实可行的路径。❸ 刘昱岑（2023）分析了马克思风险思想与西方风险社会理论的区别，认为西方风险社会理论作为西方的主要风险思想虽具有一定的参考价值，但也存在一定的局限性，西方风险社会理论学者的目的是维护资本主义制度的发展，其更倾向于采用改良制度的方式来规避风险，而马克思风险思想认为只有推翻资本主义制度，才能从根本上根治风险。❹ 将马克思主义与风险社会相结合的研究，拓展了风险社会研究的思路和视角。

---

❶ 莫凡，谭爱国．马克思主义经典著作中的风险思想及其时代价值——以《资本论》及其手稿为例 [J]．学术交流，2013（1）：17 - 21．

❷ 宋宪萍，孙茂竹．马克思主义视域下的风险理论研究 [J]．当代经济研究，2018（10）：73 - 82，97．

❸ 杨之涵，罗思东．从全球风险社会到人类安全共同体：理论进阶分析 [J]．浙江工商大学学报，2022（6）：138 - 148．

❹ 刘昱岑．马克思风险思想与西方风险社会理论的比较研究 [J]．现代商贸工业，2023，44（6）：194 - 196．

2. 法学领域应用风险社会理论的相关研究

风险社会理论在国内法学领域得到广泛应用和研讨。法理领域，尹德贵（2016）认为风险是不可避免的；在价值层面，风险是社会维系和发展必须承担的负担。如何分配这种负担，是现代法律和法理学不可回避的课题。❶ 张康之（2023）提出风险社会及其高度复杂性和高度不确定性条件下，合理性将不再表现为形式合理性和实质合理性，而是被经验理性所置换。同时，正当性与合理性也将统一到"合道德性"之中。❷

在刑法领域，针对现有制度风险问题，风险刑法理论为风险控制的"国家任务"进入刑事立法和司法奠定了基础，这使得刑法能以更加灵活的方式回应公共风险的挑战。劳东燕（2014）对风险刑法理论进行了深入反思，认为风险社会理论与刑法体系之间的关联点不是风险概念而是安全问题。对安全的高度关注导致预防成为整个刑法体系的首要目的，风险刑法本质上是一种预防刑法，刑法的预防走向有必要发展出合适的控制标准，包括强化刑法内部的保障机制与宪法上基本权利的制约作用。❸ 劳东燕（2007）还提出，风险社会中刑法变成管理不安全性的风险控制工具，公共政策成为刑法体系构造的外在参数，对刑法规范的塑造产生重大影响。政策导向的刑法蕴含着摧毁自由的巨大危险，有必要合理处理原则与例外的关系，借助刑事责任基本原则对风险刑法进行规范与制约。❹ 郝艳兵（2009）认为风险社会的刑法

---

❶ 尹德贵. 风险分配的法理论纲 [D]. 苏州：苏州大学，2016：1.

❷ 张康之. 在风险社会中看合法性问题 [J]. 中国人民大学学报，2023，37（1）：145 – 156.

❸ 劳东燕. 风险社会与变动中的刑法理论 [J]. 中外法学，2014，26（1）：70 – 102.

❹ 劳东燕. 公共政策与风险社会的刑法 [J]. 中国社会科学，2007（3）：126 – 139.

应将安全作为基本的价值取向，考虑法益保护的早期化和处罚的预防性。❶ 龙敏（2010）提出刑法顺应时代的变迁对风险社会提出的新需求以其价值重心的转变作为回应是应该的，但必须谨慎前行以避免带来一个新的制度风险，即风险社会的刑法危险。国情造就了我国自由保障的重要性，应该审慎对待刑法价值重心的转变，不能盲目追求风险的应对而摧毁自由。❷ 陈兴良（2011）提出"风险社会"并不只是对刑法提出了挑战，而是对社会治理提出了挑战，因此对风险的应对应是全方位的。刑法面对"风险社会"应当保持足够的理性，应对社会风险不能成为刑法过度扩张的借口。❸ 张明楷（2011）提出风险社会更应当坚持结果无价值论；在刑事责任之根据问题上，既不能采取严格责任，也不能主张责任的客观化，而应当恪守责任主义。❹ 在民法领域，风险社会理论被应用于侵权责任法的相关研究。叶金强（2009）提出以风险理论为基础判断风险的发生，进而确定无过错所致损害的分配可整合危险责任、公平责任以及交往安全义务中的无过错责任，形成与过错责任相并列的归责原则，新的侵权法归责二元结构体系得以形塑。❺ 赵精武（2022）认为以风险社会治理转

---

❶ 郝艳兵. 风险社会下的刑法价值观念及其立法实践 [J]. 中国刑事法杂志，2009（7）：15－23.

❷ 龙敏. 秩序与自由的碰撞——论风险社会刑法的价值冲突与协调 [J]. 甘肃政法学院学报，2010（5）：145－149.

❸ 陈兴良. "风险刑法"与刑法风险：双重视角的考察 [J]. 法商研究，2011，28（4）：11－15.

❹ 张明楷. "风险社会"若干刑法理论问题反思 [J]. 法商研究，2011，28（5）：83－94.

❺ 叶金强. 风险领域理论与侵权法二元归责体系 [J]. 法学研究，2009，31（2）：38－56.

型为视角审视《民法典》的体系确立和内容，安全原则并未真正契合现代社会治理的现实需求，徒有权利保障之名，而无权益安全之实。❶ 经济法领域，阳建勋（2012）提出为应对挑战，传统部门法难以满足风险社会的责任制度需求，经济法的产生及其责任制度的拓展是应对风险社会挑战的另一种选择。❷ 行政法领域，金自宁（2012）提出，随着风险成为现代社会的重要特征，风险规制上升为现代政府的一项重要任务，在科学技术高速发展更新换代的现代社会，由于立法的滞后性和法律制度本身所存在的风险性，需要进行不断地与时俱进更新，完善和更新法律制度以此来规避可能出现的社会风险。❸ 刘捷鸣（2021）认为风险规制仅仅依靠权力的针对性控制并不足以取得良好的规制效果，而科技的复杂性更使科技风险规制所面临的不确定性进一步提高，以控权为价值取向的传统行政法理论亟待面向科技风险社会进行调试。❹ 国际法方面，蔡从燕（2008）认为风险社会的到来使得法律性国际争端解决机制错误裁判造成的后果更为严重，有必要建立更有效的纠错机制，国际社会应该摒弃某些陈旧的观念，建立上诉制度或具有类似功能的外在纠错机制；全球性风险迫使既有的国际法价值体系作出相应的调整，从国际法与国际社会的交互关系出发，重塑一种合理的国际法价值体系，不仅有助于化解其内部潜在的危机，也能更有效地应对全球性风

---

❶ 赵精武. 民法上安全原则的确立与展开：以风险社会治理转型为视角 [J]. 暨南学报（哲学社会科学版），2022，44（4）：57－73.

❷ 阳建勋. 论风险社会中的法律责任制度变革——传统部门法的内部修正与经济法的责任拓展 [J]. 广州大学学报（社会科学版），2012，11（3）：58－65.

❸ 金自宁. 风险规制与行政法治 [J]. 法制与社会发展，2012，18（4）：60－71.

❹ 刘捷鸣. 科技风险的行政规制法律问题研究 [D]. 重庆：西南政法大学，2021.

险所带来的挑战。❶

二、专利制度的相关研究

专利制度体系自创建以来，以其精巧的规则设计为依托，对技术的持续创新和进步起到重要推动作用。伴随着技术的推陈出新以及风险社会的不确定性，专利制度逐渐暴露出一系列制度漏洞与弊端，专利制度改革一直受到研究关注。

（一）专利制度危机的相关研究

丹·L. 伯克（Dan L. Burke）、马克·A. 莱姆利（Mark A. Lemley）（2013）认为，"专利制度危机重重，在加强专利保护方面所达成的共识已经瓦解。法院对于有关专利的激增和滥用不胜其扰，专利制度在美国已经经历过重重困境，亟待破题解决"❷。亚当·杰夫（Adam Jeff）与乔希·勒纳（Josh Lerner）（2007）深入研究了专利局对专利制度运行的多方面的影响，探讨美国专利制度运行中出现的结构性缺陷，认为专利保护已经成为"沙子"，阻碍着创新车轮的前行。❸ 上述研究揭示了现代专利制度存在的问题。夏玉华（2012）提出美国专利制度正日渐沦为阻碍创新而不是促进创新的体系，从美国专利制度危机中可以得到的教训之一是要正确认识专利制度目标和专利制度的关系，专利制度本身只是手段，服务于一国的经济社会发展战略和

❶ 蔡从燕. 风险社会与国际争端解决机制的解构与重构 [J]. 法律科学（西北政法学院学报），2008（1）：153 – 163.

❷ 丹·L. 伯克，马克·A. 莱姆利. 专利危机与应对之道 [M]. 马宁，余俊，译. 北京：中国政法大学出版社，2013：2 – 5.

❸ 亚当·杰夫，乔希·勒纳. 创新及其不满：专利体系对创新与进步的危害及对策 [M]. 罗建平，兰花，译. 北京：中国人民大学出版社，2007：扉页.

技术进步战略，不能本末倒置。❶

　　改革开放促使中国专利法的诞生。1978 年 7 月党中央批准外交部、原对外经济贸易部、原对外经济联络部的报告，指出"我国应建立专利制度"。1980 年原国家科委《关于我国建立专利制度的请示报告》被国务院批准，同年成立中国专利局，至此开启了中国专利制度的崭新一页。专利制度在一定程度上促进了中国经济的高速发展，但由于时代与社会的发展变化，伴随着许多新兴技术与事物的更迭出现，现行专利制度所暴露出的风险危机亟待解决。国内学者聚焦于专利制度体系的创新激励悖论，对专利制度失灵、制度异化等问题，包括垃圾专利、专利丛林、问题专利激增、专利螳螂等进行深入研究。文家春（2008）探讨了政府资助专利费用项目引发的垃圾专利问题。❷ 肖志刚、单晓光（2009）认为对专利权的过度保护打破了原有的专利政策在专利权人与社会公众之间的利益平衡，增加了对创新的阻碍作用，走向了专利制度激励创新的政策目标的反面。❸ 王太平（2016）提出生态环境的巨大变化会不会无限放大知识产权制度的先天缺陷从而动摇其存在的根本基础的疑问，认为生态环境的巨大变化进一步暴露了知识产权制度的先天缺陷，知识产权制度面临着前所未有的危机与挑战，提出创新奖励基金制度、专利买尽制度、非独占专利制度等专利制度补充或替代模式，以适应知

---

❶　夏玉华. 美国专利制度危机及其对中国专利制度建设的启示［J］. 价值工程，
　　2012，31（14）：287－289.

❷　文家春. 政府资助专利费用引发垃圾专利的成因与对策［J］. 电子知识产权，
　　2008（4）：25－28.

❸　肖志刚，单晓光. 专利泛化与专利制度改革［J］. 电子知识产权，2009（3）：
　　34－37.

识经济时代的要求。❶ 梁志文（2016）提出专利法中可能存在阻碍创新的制度因素，实为完善专利理论及制度所必要，专利法变革在国内层面和国际层面都很难在短期内予以实现，寻求专利制度内部本身的规则演进是比较可行的选择。❷ 和育东（2013）认为专利权人的义务不是实施而是公开，专利权的本质不是实施垄断权而是排他权。我国专利实践中存在专利审查者被申请人"俘获"、对专利申请的非正常激励、对专利实施率低的误读、对专利侵权纠纷的过度司法调解等问题和做法，亟待纠正。❸ 韩兴（2016）认为中国专利制度危机包括垃圾专利甚至是有害于社会发展的专利长期存在并受到保护、专利制度阻碍气候友好型技术的推广与运用、专利制度在特定情况下有碍于公共健康的实现，以及专利制度可能会导致技术发展进程中的大量资源浪费等。❹ 谭龙等（2018）认为健康的专利系统应当是各因素有效交互的完整过程，最终实现专利与经济效益的"强关联"，而非仅仅是专利数量的激增。❺

（二）专利制度伦理的相关研究

伦理评价是专利制度运行实践中的必要环节。专利保护本身存在伦理争议，新的科技进展——原子武器、生殖技术、基因技

---

❶ 王太平. 知识产权制度的未来 [J]. 法学研究，2011，33（3）：82-93.

❷ 梁志文. 管制性排他权：超越专利法的新发展 [J]. 法商研究，2016，33（2）：183-192.

❸ 和育东. 专利契约论 [J]. 社会科学辑刊，2013（2）：48-53.

❹ 韩兴. 专利制度危机背景下的技术正义原则研究 [J]. 知识产权，2016（11）：71-76.

❺ 谭龙，刘云，陈凤云，等. 专利激增的驱动因素及机理分析 [J]. 科研管理，2018，39（9）：151-158.

术、信息技术等导致了尤为尖锐的伦理争执，与人类社会既有的价值观念产生冲突与碰撞，关于专利制度伦理与"科技向善"的相关研究开始兴起。

专利制度伦理的相关研究基于专利法的技术性规范属性所引发的专利保护的人权困境展开，关注专利制度的伦理正当性。弗兰克·沃什科（Frank M. Washko）（2006）提出专利制度意味着对社会的责任，当专利法规明显对社会有害或有助于挫败其他消费者保护法时，使用专利法规是不道德的。❶ 胡波（2009）认为专利法律的实际施行效果过分维护大公司的利益，形成分配机制扭曲局面，危及公众的信息获取和科学知识的累积发展，甚至妨碍艾滋病等严重传染病患者获得治疗药物引发公共健康危机；专利伦理研究为专利法面临的正当性危机提供评判标准。❷ 埃伦-玛丽·福斯伯格（Ellen - Marie Forsberg）（2018）认为将基于道德的限制纳入专利立法并没有达到满足所有关注的效果。专利体系内，伦理问题一直以狭隘的方式被界定，这表明了专利体系内外的讨论不一致。在专利制度中正面解决更丰富的伦理考虑之前，专利制度将继续引起学术界和利益集团的批评，这可能会导致整个制度的合法性危机。❸ 针对专利制度危机以及专利制度伦理问题，现有研究从改革现有制度与探索替代性、补充性制度等方面展开分析。总体而言，专利伦理评价相关的研究成果大多集中在生物技术领域，探讨基因专利的合伦理性，以及干细胞专利

❶ WASHKO F M. Should ethics play a special role in patent law [J]. Georgetown Journal of Legal Ethics, 2006, 19 (3): 1027 - 1039.
❷ 胡波. 专利法的伦理基础 [D]. 重庆：西南政法大学，2009.
❸ FORSBERG E M etc. Patent ethics: the misalignment of views between the patent system and the wider society [J]. Sci Eng Ethics, 2018, 24 (5): 1551 - 1576.

的伦理风险化解等问题。刘鑫（2021）对专利制度伦理相关问题进行了较为系统的研究，认为专利制度伦理定位不明确，以及制度运行中缺乏必要的伦理原则指引，有必要从专利制度的框架设计与实践状况出发，厘清专利制度的伦理关联，归纳专利运行实践的伦理准则，并以此为基础探究专利伦理评价体系的建构进路，将"科技向善"的伦理导向充分融入整个专利制度的运行实践之中。❶

（三）专利制度改良的相关研究

风险社会背景下，专利制度面临诸多质疑和挑战。面对现行专利制度适用过程中所显露的层层风险及危机、缺陷，研究制度改良的相关成果不胜枚举。

1. 国外专利制度改良问题的研究现状

国外学者提出专利制度改良的各种主张。迈克尔·阿布拉莫维奇（Michael B. Abramowicz）（2003）审视了专利制度及其对应的奖励制度的优劣，从不同角度提出了专利制度的替代或补充模式。❷ 从专利制度创建的设计原则的视角出发，彼得·德拉霍斯（Peter P. Drahos）（2007）认为专利法的趋同和合作是 21 世纪的主题，构建合理化的专利制度，有选择性地借鉴优秀的域外立法和法律制度经验是有必要的，促进国际合作交流是目前的重要需求；并提出三权分立原则，以此重塑内部治理，主要步骤包含选拔负责内部治理的新内部人士、设计外部审计检查程序、增设透

---

❶ 刘鑫."科技向善"倡议下专利伦理评价机制研究［J］. 中国科技论坛，2021（6）：46 – 53.

❷ ABRAMOWICZ M B. Perfecting patent prizes［J］. Vanderbilt Law Review，2003，56（1）：115 – 236.

明度登记员职位以及创建专利透明度的全球标准。❶ 从专利制度体系和框架出发，斯科特·基夫（Scott F. Kieff）、亨利·史密斯（Henry E. Smith）（2009）提出专利法需要的是对现有的安全阀和流程进行调整，而不是为更多的自由裁量权和不确定性打开闸门。国家应当采用一个基于可预测性和事实的强大专利体系。❷斯蒂芬·耶尔德曼（Stephen Yelderman）（2014）建议从申请费用的合理化、对修改和补充行为进行处罚、以侵权假定代替有效假定以及审查后发现无效的权利要求进行惩罚等方面改革专利制度。❸ 马克·A. 莱姆利（2016）提出，伴随着过去二十年专利蟑螂这种新型商业模式的崛起，专利制度正在发生戏剧性变化，专利申请及专利诉讼案件数量猛增，专利制度的危机时代已经来临，这是一种因为私权过度保护干扰了创新而引发的危机。改变专利法的侵权救济规则设置、简化专利诉讼程序是应对危机的有效举措。❹ 斯蒂芬·耶尔德曼（2017）研究指出，由于专利系统必须依赖于不完善的信息，因此专利系统将不可避免地犯错误，提出构建一个评价专利系统中准确性价值的框架。❺迪恩·贝克（Dean Baker）等（2019）展望 2030 年实现可持续发

---

❶ DRAHOS P. Patent reform for innovation and risk management: a separation of powers approach [J]. Michigan Telecommunications and Technology Law Review, 2007, 3 (8): 1 – 11.

❷ KIEFF S F, SMITH H E. How not to invent a patent crisis [J]. Harvard Law School Public Law & Legal Theory Working Paper Series Paper No. 10 – 02, 2009: 1 – 23.

❸ YELDERMAN S. Improving patent quality with applicant incentives [J]. Harvard Journal of Law & Technology, 2014, 28 (1): 30 – 44.

❹ LEMLEY M A. The surprising resilience of the patent system [J]. Texas Law Review, 2016, 95 (1): 1 – 57.

❺ YELDERMAN S. The value of accuracy in the patent system [J]. The University of Chicago Law Review, 2017, 84 (3): 1217 – 1284.

展目标时提出：第一，知识产权制度并不是鼓励创新的唯一方式，可能还有更好、更有效率的方式；第二，现行全球知识产权趋紧的态势在理论上站不住脚，在道义上也无法令人接受；第三，关键领域的细致案例研究表明，现行知识产权制度框架存在固有的严重缺陷。❶ 2020 年以来，面对新冠疫情下各种社会风险的突然爆发式出现，知识产权整体制度尤其是专利制度所造成的障碍受到学界的广泛关注。凯伦·沃尔什（Karen Walsh）等（2021）认为新冠疫情全球大规模传染期间，现有知识产权框架内的传统公共利益机制存在有限的限制和内部集中的问题，以至于无法适应类似突发危机；提出目前需要具有明确和可执行的跨境机制的国际知识产权立法，以消除知识产权和非知识产权准入障碍。❷

2. 专利制度改良的国内研究现状

近年来，国内学者针对专利制度的研究主要集中于专利制度的创新绩效、最优专利制度设计、适应国家创新战略的专利制度变革等主题。刘友华（2011）提出中国专利制度改革应在内部强化专利权规则协调，强化授权与审查程序；应寻求激励技术创新的辅助制度、专利奖赏制度等。❸ 王璟（2012）总结专利技术在产业化过程中的技术性风险，并不源于专利技术本身，也不源于产业化行为，而是源于在产业化过程中人们对专利技术的认知

❶ 迪恩·贝克，阿尔琼·佳亚德福，约瑟夫·斯蒂格利茨，等. 创新. 知识产权与发展：面向 21 世纪的改良战略 [J]. 周建军，施蒙，译. 政治经济学季刊，2019，2（1）：1－43.

❷ WALSH K, WALLACE A, PAVIS M, et al. Intellectual property rights and access in crisis [J]. IIC－International Review of Intellectual Property and Competition Law, 2021, 52（4）：379－416.

❸ 刘友华. 专利制度的未来模式：替代、革新抑或全球化 [J]. 华南师范大学学报（社会科学版），2011（4）：106－113.

和态度。有效防控专利技术产业化中的技术性风险需要重点关注以下方面，包括政府转变思维，还专利技术以法律化、市场化的本来面目；加强立法，构建专利产业化项目风险评估制度体系；明晰责权，推行专家同行评审制度，防范专利技术产业化中受"人化"影响的技术性风险。❶ 彭飞荣、陶金宏（2013）提出我国传统专利审查模式目前存在专利局的有限理性、信息偏在等风险，可在修订《专利法》第 5 条第 1 款的基础上，借鉴域外经验引入公众专利审查听证制度。❷ 邵培樟（2014）认为中国专利制度需要以创新驱动发展战略之内涵为导向、以绿色专利制度之构建为突破口，并从实体制度、程序制度和激励制度等三个维度加以变革。❸ 刘毕贝、赵莉（2014）提出专利制度应追求专利权利人与社会公众利益平衡的本旨，遵循诚信原则、保护公共利益原则和禁止权利滥用原则，从专利法律、政策等各个层面及具体方面作出综合调整与协调安排，限制专利扩张。❹ 易继明（2014）针对国内专利蟑螂日渐滋生，境外专利蟑螂大举入侵的现状，认为既要正面积极引导，又要防止权利滥用，导致不正当竞争；通过制度，规范专利权行使，保证权利的平衡，实现社会效用的最大化。❺ 梁志文（2016）以技术创新激励机制的体系化为视角，

❶ 王璟. 论专利技术产业化中的技术性风险 [J]. 浙江社会科学，2012（2）：52 – 55.

❷ 彭飞荣，陶金宏. 风险社会背景下我国公众参与专利审查制度之探究 [J]. 知识产权，2013（6）：75 – 79.

❸ 邵培樟. 实施创新驱动发展战略的专利制度回应 [J]. 知识产权，2014（3）：85 – 89.

❹ 刘毕贝，赵莉. 中国专利质量问题的制度反思与对策——基于专利扩张与限制视角 [J]. 科技进步与对策，2014，31（16）：123 – 127.

❺ 易继明. 遏制专利蟑螂——评美国专利新政及其对中国的启示 [J]. 法律科学（西北政法大学学报），2014，32（2）：174 – 183.

分析了克服专利制度创新激励局限性的内在与外在解决方案，并讨论各种激励机制的适用条件。❶ 胡允银、林霖（2016）提出，专利制度改革应该综合专利劫持与反向劫持论两种观点，通过降低专利实施中交易成本、信息不对称和不确定性来维护专利制度的正当性。❷ 王太平（2016）基于知识经济时代的背景提出了适当提高专利授权条件、提升专利质量等制度改良的方案。❸ 毛昊（2017）从国家制度运行、市场规律运行和政策有效性三个方面分析了创新驱动发展中的最优专利制度路径。❹ 王林（2019）认为应当将环境保护与专利联系起来，将生态学的原理融入专利制度中，在专利制度中引入环境无害原则，克服因专利技术所带来的生态环境负效应，使专利制度符合生态文明建设要求。❺ 苏宇（2021）提出在专利制度危机背景下引用风险预防原则，具体可以基于危害预期、不确定性、预防措施及证明机制这四个要素整合既有论述，构建风险预防原则的内部结构，并对此原则进行结构化阐释。❻ 郭禾（2021）认为专利制度是市场经济的产物，专利制度乃至整个知识产权制度，都只有在市场经济环境下才能发挥其作用；要在市场决定资源配置的总体经济格局之下，使专利制度发挥其激励技术创新发展的积极作用。❼

---

❶ 梁志文. 管制性排他权：超越专利法的新发展 [J]. 法商研究，2016，33（2）：183 – 192.

❷ 胡允银，林霖. 当代专利制度改革的理论思潮：劫持论与反向劫持论 [J]. 科技进步与对策，2016，33（8）：113 – 117.

❸ 王太平. 知识经济时代专利制度变革研究 [M]. 北京：法律出版社，2016：174.

❹ 毛昊. 论国家科技治理中的专利制度安排 [J]. 知识产权，2017（10）：64 – 74.

❺ 王林. 专利制度生态化研究 [D]. 长沙：湖南师范大学，2019.

❻ 苏宇. 风险预防原则的结构化阐释 [J]. 法学研究，2021，43（1）：35 – 53.

❼ 郭禾. 改革开放后我国专利制度思想观念的嬗变 [J]. 知识产权，2021（6）：6 – 13.

综上，专利制度变革是当前学界研究的热点问题，既有文献为本书的撰写提供了理论基础和智慧启迪。基于风险治理视角对专利制度进行系统概览或全面解读的成果目前尚未呈现，决策过程中的风险意识也未纳入专利制度核心价值的讨论范围之内，学者们多从专利制度对于创新激励的有效性、专利制度的替代机制、专利私权利与公共利益平衡等维度展开专利制度改革与创新的研讨，对专利激增、垃圾专利、专利扩张、专利蟑螂等问题进行了广泛而深入的研究，但目前很少有从整体视域，从制度性风险的视角切入专利制度研究的成果。当下中国社会境况与西方学者总结的风险社会状态高度契合，风险理论在国内学术界得到迅速传播和广泛研讨。吴汉东（2012）关注到风险理论对于知识产权研究的价值，提出知识产权制度文明也是一种可能存在的制度风险，知识产权保护存在制度化风险和技术性风险，必须增强知识产权制度建设中的风险意识，寻求风险治理机制，克服现行知识产权法律制度和法律秩序的先天性缺陷和潜在危机。[1] 该文对于本书的研究有着重要的启示意义。

第四节 结构安排与可能的贡献

一、结构安排

本书对专利制度风险进行概念界定与类型界分，运用 SSP 分

---

[1] 吴汉东. 知识产权的制度风险与法律控制 [J]. 法学研究，2012 (4)：61－73.

析范式建立专利制度风险研究的分析框架，分析既定初始状态下，行为体（政府、专利申请人、利益相关者等）因应专利制度结构所采取的行动策略与行为选择所引致的专利制度后果（风险），并以专利资助政策以及区块链专利为样本对专利制度化风险以及专利技术性风险展开实证研究。基于系统观的视角提出应对、控制专利制度风险的法律对策，为专利制度风险的控制、专利制度规则的完善提供学理依据、证据支持和政策建议。章节内容安排如下。

第一章导论，首先提出本书的研究背景与研究意义。全球风险社会、科技迭代发展以及专利制度危机构成本书的研究背景。在必要的研究背景与研究意义阐释之后，介绍本书的研究对象以及研究方法，对风险以及专利制度风险的概念内涵进行厘定，提出专利制度风险是指因专利制度决策与制度运行，以及专利权所保护的技术客体所引发的消极后果与不确定性，认为专利制度风险既是制度决策内置的先天风险，也是制度运转失灵的潜在风险以及专利技术客体的现实风险；专利制度风险包括专利制度化风险与专利技术性风险。本章梳理、评介了国内外关于风险社会以及专利制度的相关研究成果，呈现本书研究的出发点、价值和空间。

第二章风险社会理论与专利制度改良，第一节分析了风险社会理论的建构与拓展、基础范式及主要内容，风险社会理论为分析现代社会问题提供了一种新的范式，为现代社会的风险治理提供了新思路。讨论了风险社会理论在刑法、环境法、行政法、侵权法、经济法以及国际法等学科领域的应用。分析了风险社会理论存在的不足，包括缺乏定量分析、过度强调风险以及缺少解决方案等，认为风险社会理论为社会风险问题的识别和理解提供了重要的视角，但在解决方案的提供和实践引导方面还存在一定的不足，风险的整体防控需要结合其他理论、方法和学科的研究成果，进行综合性的研究和跨学科合作，以提供更具体、有效的解决方案。第二节对专利制度的理论基础、国际协调与既有危机进行概览，分析了自然权利论（劳动论）、收益论、契约论、发展经济说以及产业政策论等学说，上述学说有着不同的视角和侧重点，其共同点是以财产权逻辑为基础。笔者认为，以上述学说为基础建立起来的专利制度的法律秩序存在先天缺陷和潜在危机——专利制度化风险很大程度上即来源于其财产权逻辑。第三节分析风险社会理论范式下专利制度的改良，提出专利制度的创设是一种风险分配的政策抉择，风险社会理论能够为专利制度的改良提供新的视角和指引。本节比较专利制度研究的危机、伦理与风险视角差异，认为风险原则在专利法中的引入，有助于专利制度创新激励的单一价值取向的限缩和持续公法化的抑制，风险图式能够勾勒一种改良的专利制度理想图景，促进专利制度价值的多元化思考，并防止失当的公法化所形成的国家对市场经济的不当干涉，认为风险社会理论对专利制度的改良发挥着不可或缺的径路指引功能，同时，风险社会理论与专利制度实践之间有着双向阐释的互动关系。

第三章专利制度风险机理及其景观，分别对专利制度化风险机理及其景观，以及专利技术性风险机理及其景观进行深入分析。第一节提出，财产权逻辑的制度理念、效力不安定以及边界不确定的权利特质、权利实施过程中的国家干预（官僚行政体制）、刚性制度规则的普遍性适用等风险因素，衍生了专利制度风险景观，包括功能层面的制度异化、法律层面的权利扩张、技术层面的创新约束、社会层面的制度成本、制度风险的全球衍生以及国际层面的分配不公等。第二节分析了专利制度的技术性风险机理，即专利系统具有技术风险传导机制和生成机制，专利审查系统局限性下，技术自身的负面性（技术本身固有、暗藏的风险）被传导；技术经过专利系统加工（技术经过法定审查程序获得专利授权后得到官方认证和法律加持的状态）后，生成新的风险。对专利伦理冲突、有害技术专利以及基因专利挑战等代表性的专利技术性风险景观进行了分析研讨。

第四章专利制度风险的 SSP 分析范式与实证研究，基于 SSP 经济分析范式建立一种专利制度风险的分析框架，论述专利制度风险的发生。第一节总结 SSP 分析范式的要素与优势，分析该范式对专利制度风险分析的适用性，建立专利制度风险的"状态—结构—绩效"分析框架，确定了专利制度风险在"状态"、"结构"与"绩效"方面的变量参数指代。第二节以政府专利资助政策为样本，对以专利资助政策为代表的专利制度化风险展开"状态—结构—绩效"实证分析，认为在现有制度框架下，以专利资助为代表的政策制定与执行诱发了新的机会主义行为，并生成制度化风险。专利资助政策的制度化风险，是制度安排中引发机会主义所产生制度的低绩效，是专利结构环境与行动者之间张力过大所产生的社会风险。第三节以区块链专利为对象，对专利技术性风险展开实证分析，提出区块链本身存在的技术风险会经由专利体系进一步延伸和扩散。经专利制度加工后，可能产生新的区块链技术专利风险，包括对去中心化技术在某些应用领域的管制缺乏以及形成专利保护和技术开源的对立等。

第五章专利制度风险的法律控制是本书的对策结论部分，第一节基于风险控制的视角分析中国专利制度现有风险控制机制，认为现行专利制度在风险的防控方面存在功能缺失以及制度技术局限。第二节分析了专利制度风险控制的法治化原则、预防性原则、系统性原则、平衡性原则以及适度性原则。第三节基于系统观视角，分析了专利制度风险控制的路径，从理念、规范、机制、整体以及国际等五个维度，提出纳入风险防控的制度价值目标、构建伦理先导的审查授权体系、建立技术民主的多元共治格局、打造风险治理的生态支持系统、推进应对风险的全球协同行动等具体建议。提出通过系统工程实施链条式的风险整体防控，控制、改善专利制度本身作为风险主体所附随的"必要之恶"，削减、消除技术理性过度张扬所导致的"非必要之恶"，提升制度的安全价值和创新质效。

二、可能的贡献

其一，风险社会逻辑指引下的专利制度研究，有助于促进制度自省。长期以来，专利制度改良的研究经久不衰，相关成果不胜枚举，存在"替代说""废除论""革新论"等主张，激烈争论彰显了专业内部的冲突和分裂。风险社会潜在的是一个自我批判的社会。在风险社会框架下界定专利制度问题，会带来关注重点、信息组织方式的不同，形成不同的意义建构，引导出不同的制度回应。专利制度作为分配智力成果利益、激励科技创新的最重要法律制度之一，是技术创新的法律保障，自带制度维系与美化的光环。在风险社会这一宏观的现代性语境下，"风险"应当成为专利制度研究的重要视角，需要在"风险"维度上重新思考人与技术的关系，回应专利制度危机困境；在更深刻的层面（风险社会背景）以及更广阔的视角（风险控制功能）上，促进制度自省以及制度优化建议之间的竞争，为防范化解专利制度风险的实际操作供给有力的学理支撑。

其二，基于风险视角对专利制度改良进行研究，具有方法论意义。在应对现代化风险时，关键问题在于风险与威胁是否在方法论上以客观的方法被加以解释，并科学地被展现，或者是否它们被轻视和加以掩盖。❶ 简言之，专利制度风险的概念使命就是尝试建立"专利制度"和"风险"之间的内在联系。对于如何认识和把握"制度"与"风险"之间的关联，有两种不同的诠释话语，分别是"风险制度观"和"制度风险观"，其提供了两种不同的概念框架，前者关注风险防控的制度实践，后者指向制度风险的意义世界。两种认知观念体现了从"问题"走向"语境"、从风险议题走向制度生态、从"功能主义"走向"建构主义"的社会实践和意义实践。本书超越习以为常的创新激励理论和概念，既关注专利制度的风险关联，也着眼于风险的制度控制，可视为一种专利制度研究在方法论意义上的创新和觉醒。

其三，基于系统观与整体论视角分析专利制度风险防控与规则优化的措施，有助于促进制度的完善。专利制度风险治理的意涵在于，专利制度从传统上着眼于技术创新、科技成果转化等物理层面的直接效益，到开始增加关注并回应专利视野下科技对人的主体性、社会秩序规则、价值观念、安全维护等相对间接但更

---

❶ 乌尔里希·贝克. 风险社会：新的现代性之路［M］. 何博闻，译. 南京：译林出版社，2004：194.

加深远的影响。专利制度的价值旨趣，除了激励创新、促进技术运用等指向物理性收益的制度追究，还包括公平公正、公开透明、安全保障及增进人类福祉等更广泛的维度。本书贯彻系统观与整体论的世界观和方法论，秉持"系统观念"展开研究。采取"整体论"进路，既分析专利制度的风险分配功能，也讨论专利制度的风险机理及其景观；既研究专利制度化风险，也剖析专利技术性风险；提出对专利风险进行系统控制的对策与措施。

第二章

风险社会理论与专利制度改良

　　自贝克在其一系列经典著作中建立起风险社会的基本理论框架之后，经由吉登斯等学者的诠释、建构与拓展，风险理论逐渐获得了自然与人文社会科学领域的广泛认同，并一直是学术界关注的重要议题。风险社会理论以风险现象作为切入点，展开对20世纪中期以来人类社会后工业化转型的解读，关于工业社会风险的诠释与争论日益摆在政治国家、利益集团、市民社会与法律制度面前。风险社会理论对全球风险社会的动因与景象进行了解答，对作为现代性产物的风险问题进行了深入阐述，对专利制度的改良能够发挥指引作用。

第一节　风险社会理论及其应用

　　风险社会是社会进入后现代或者晚期现代后备受瞩目的学界议题，风险社会既是一种理论建构的概念范畴，也是一种基于风险的社会建构基础之上的分析范式。风险社会理论具有以下社会功能：（1）社会建构，从风险视角协助完成对秩序、控制和规制的社会建构；（2）政治动员，建立批判与思想解放的基础；（3）意义赋予，通过解释的角度来促进人们对现代性社会的理解。风险社会理论的影响已经超越了社会学学界，进入其他学科领域以及普通大众的视野之中。

一、风险社会理论的主要内容

（一）风险社会理论的建构与拓展

贝克推动了当代社会学与社会学理论中关于风险和风险社会的研究。"风险社会"是贝克1986年出版的同名著作中提出的概念。这一年切尔诺贝利核电站事故发生，促使风险社会学成为一门炙手可热的显学。作为指称未来预测愈发不透明的现代社会的用语，"风险社会"一词开始在全球广为流传。

风险社会理论的提出与贝克所处的年代有关。第一次工业革命时期，蒸汽机的发明及运用改变了旧有以人力为主的生产工序，极大地推进了社会生产力的发展。19世纪60年代后期，人类社会进入"电气时代"，被称为第二次工业革命。至20世纪四五十年代，科技出现重大突破，一定的物质技术基础的形成以及社会发展的需要，开始了新科学技术革命，即第三次工业革命。贝克出生于第三次工业革命期间，深刻体验技术进步给世界带来的翻天覆地的变化，但其负面作用也日益显现。人们对于变革都抱有巨大的希望憧憬，变革确实颠覆了生产方式，但"每一次工业革命之后，留下来的却仍旧是一个工业社会，或许更工业化那么一点"❶。

---

❶ 乌尔里希·贝克. 风险社会：新的现代性之路 [M]. 张文杰，何博闻，译. 南京：译林出版社，2018：前言6.

马克思和恩格斯在《共产党宣言》中总结资本主义社会"生产的不断变革，一切社会状况不停的动荡，永远的不安定和变动，这就是资产阶级时代不同于过去一切时代的地方。一切固定的古老的关系以及与之相适应的素被尊崇的观念和见解都被消除了，一切新形成的关系等不到固定下来就陈旧了"❶。技术进步所带来的收益难以抵消其后果，"动植物和人类生命所遭受的那些不可逆转的威胁，风险不同于 19 世纪到 20 世纪上半叶的工厂或职业危机，风险不再局限于特定的地域或团体，而是呈现出全球化的趋势。它不仅跨越民族国家的边界，也模糊了生产和再生产的界限"❷。全球风险社会状态深刻地影响着政治、文化以及家庭。作为研究现代化理论的宏观社会学家，贝克反思现代社会的工业化途径风险，将人们所见所感受到但未经充分考虑的，看似心照不宣但难以表达的社会变化，提炼抽象为风险社会理论，准确揭示了风险社会现象。贝克认为从风险到灾难仅一步之遥，在其一系列经典著作，包括《风险社会：新的现代性之路》《风险时代的生态政治》等著作中建立起风险社会的基本理论框架。理论甫一问世如一石激起千层浪，既有诸如"危言耸听"的质疑，也有称道"警世洪钟"的共鸣，引起诸多讨论和热议。贝克的风险社会理论，是立足于将西洋现代作为模范的韦伯式现代化论的延长线上的理论。

　　吉登斯也从其所提出的现代性三大动力机制中衍生出对于风

---

❶ 马克思，恩格斯．马克思恩格斯文集：第 2 卷［M］．中共中央马克思恩格斯列宁斯大林著作编译局，编译．北京：人民出版社，2009：34.

❷ 乌尔里希·贝克．风险社会：新的现代性之路［M］．张文杰，何博闻，译．南京：译林出版社，2018：前言 7.

险社会的关切。吉登斯认为风险已经社会化，并逐渐成为一种全球性和普遍性的现象。风险不再是传统社会中固有的且可预见的，而是由科技、环境和全球化等因素导致的。现代社会的特征之一是不确定性的增加。科技的快速发展带来了新的风险，而媒体的普及使人们越来越关注各种风险，这种不确定性和风险的增加导致了人们对未来的焦虑和不安。现代社会需要采取有效的风险管理措施来应对不确定性和风险，包括制定相关的政策和法规、建立监管机构、提供社会保障和健康保险等。吉登斯从晚期现代性中的时空分离、脱域机制、复制机制、反思监控等关键概念中提出了关于"风险"与"信任""风险参量"的问题，并且出于对个体的关怀完成著作《现代性与自我认同》，该书为晚期现代性中的个人在不确定的场域中提供了确定的自我操作技术。通过这些措施，人们可以在面对风险时更加有能力和有信心应对。吉登斯同时强调个人责任和选择，肯定个人在面对风险时具有更大的自主权和决策能力。然而，这也导致了一些人面临更多的责任和不公平，因为他们可能没有足够的资源和能力来处理风险。吉登斯对风险社会进行深入的研究和系统性的分析，从社会学的角度探讨现代社会中风险的产生、变化和影响等方面。吉登斯认为，在一个高度反思性和反传统化、充满各种不确定性和风险的时代，更需要一个民主化的社会。人们对于平等的要求更高，更为迫切地参与到政治生活中去，要维护一个国家的繁荣稳定，集权型政治已经被历史验证淘汰，民众的充分参与的民主型政府才是更好的选择。民众充分参与民主决策的同时，还要注重科学决策。全球风险社会治理中要关注"自反现代性"，反思现代社会的发展模式，关注其可能产生的不利后果，对重大项目的决策要进行科学论证，尽量将风险与危险排除或降为最小，避免风险转化成危险。吉登斯的研究提供了一个分析框架，能够更好地理解风险在社会中的作用和意义，以及如何应对和管理风险。

卢曼在著作《风险社会学》中对现代社会中的风险和不确定性方面进行了深入思考。从现代社会的结构和内在机制来阐释风险的来龙去脉，从系统—功能分化的角度阐述了风险得以产生且不可避免的原因，运用社会系统理论来分析风险，把注意力转向"决定风险运行的结构性因素"而不是风险运行本身。现代社会的特点之一是其复杂性，包含多个互相关联的子系统（如政治、经济、教育等），而这些子系统的运作充满着不确定性和风险。个体和组织需要在面对不确定性和风险时作出决策，这些决策可能对整个社会产生重大影响，社会学家必须对观察者对风险的观察进行观察。这种"对观察的观察"，即卢曼在《风险社会学》里再三提及的"二阶观察"。卢曼还强调社会化的风险，不再是个别个体所面对的问题，而是整个社会共同面对的挑战。现代社会中的风险与社会系统的运作和相互作用有着密切的关系，有效应对风险需要整体性的协调和合作。主张通过建立制度和规则来管理和处理风险。因为社会制度的建立可以提供一种更加稳定和可靠的环境，减少风险的发生和影响。同时，个体和组织需要通过合理的决策和行为来应对风险，从而降低潜在的损失。现代社会对于风险的处理需要具备自我觉察和自我修正的能力。个体和组织应该积极地采取措施，不断学习和适应风险的变化，以提高应对风险的能力。

总之，经过贝克、吉登斯以及卢曼等学者的建构、诠释与拓展，风险社会理论逐渐获得自然与人文社会科学领域的广泛认同，并一直是学术界关注的重要议题。风险社会理论以风险现象作为切入点，展开对 20 世纪中期以来人类社会后工业化转型的解读，将关于工业社会风险的诠释与争论日益摆在政治国家、利益集团、市民社会与法律制度面前。公众对风险所带来的健康与环境问题的担忧及其社会、经济和政治后果的关切，直接促成了风险问题在当代社会的政治化。❶

（二）风险社会理论的基础范式

伴随着现代工业化进程持续深入，学者对现代化存在的风险作了多维面向分析，形成了以贝克和吉登斯为代表的制度学派、以玛丽·道格拉斯和迈克·汤姆森为代表的文化建构学派、以保罗·斯洛维奇为代表的心理感知研究学派、以罗杰·卡斯珀森夫妇为代表的风险社会放大理论等，即社会风险研究的制度、文化、心理、社会四大基础范式和学派。❷

以贝克、吉登斯等学者为代表的风险社会理论认为风险具有个体主义—制度主义的特征。风险社会理论是基于个人的，要从制度的视角来看待社会风险。贝克认为只能通过对制度和规范的改良和改革实现对风险社会的有效控制。吉登斯受贝克的影响，认为风险社会理论的范式介于现实主义与弱建构主义之间，相当于承认风险兼具客观主义与建构主义。

风险建构理论中最为学界所接受和讨论的是风险文化学派，该理论将风险理论与文化概念相结合，认为风险认知已经不再是

---

❶　劳东燕. 风险社会中的刑法：社会转型与刑法理论的变迁 [M]. 北京：北京大学出版社，2015：33.

❷　李姚姚. 技术进步与秩序失调：我国技术时代的社会稳定风险起源 [J]. 科技进步与对策，2020，37（3）：1 - 7.

个人，更多的是集体选择的结果，因为这与集体背后存在的文化、道德、习俗、价值观等相关联。"不同文化、道德、政治背景下的社会群体的风险责任归咎，本质上都首先谴责他们所不信任的群体，再由此决定该关注哪些风险，以增强对社会集体的认同与团结，促进其内部的信任与凝聚力。"❶ 这就能解释，为什么对于风险的认识呈现出地域性、民族性，即在同一地区或民族认为对于风险的认识是相似的或者相同的，而在其他地区并不认为是风险，也与当地的舆论导向有关。很多战争也因此产生。这也就导致了在现今的全球化社会中，面对高度复杂性与不确定性，人们应如何在新型的社会关系中重建相互信任。这种信任不只是人与人之间、地区与地区之间，更应存在于社会与社会之间、国家与国家之间。风险文化的提出，开启了从文化来看待风险的独特建构主义认知视角，奠定了风险领域的本体论地位，进一步深化了人类对风险问题的理解与认知。

风险心理学派则重在分析风险认知的心理成因。风险认知是个体通过对外界客观存在的风险的感受，对风险产生的主观认识和直观判断以及内心评价，是个体对影响日常生活和工作的各种不确定因素的心理感受和认识。风险认知能够影响个体的风险态度与风险行为。个体在认识和判断风险时可能发生某种偏离或偏离倾向，即风险认知偏差，斯洛维奇等认为人类会在潜意识驱使下，权衡任何选择或行动的风险与效益，如果特定行动的效益感知不明显，对风险的感觉就会被放大。同时，相比自愿承担风

---

❶ 王郅强，彭睿. 西方风险文化理论：脉络、范式与评述［J］. 北京行政学院报，2017（5）：1-9.

险，当个体被强加某种风险时，客观上相同级别的风险在主观感觉上更加可怕。风险认知也取决于信任，不信任的来源所带来的风险，在感觉上更加可怕。"人造"风险（例如疫苗）比自然风险引发更多担忧。一些父母宁愿接受"自然的"疾病的风险也不愿意孩子接种疫苗。❶ 风险心理学派认为能够通过风险认知的中介作用影响、塑造人们的情绪体验。对风险认知心理成因的分析，有助于在面对重大公共卫生事件和其他突发事件时采取心理层面的应对措施，从而做出及时有效的回应。

风险研究的社会学派的代表性理论是风险的社会放大理论。该理论是对风险放大过程的全面概括，试图解释为什么风险事件的最终影响会超过其初始效应。尼克·皮金（Nick Pidgeon）等学者提出"风险的社会放大"概念，揭示了风险感知与风险沟通之间的相乘效果和传导机制，认为风险既是客观实在的，同时也受到社会文化的影响，和社会进程之间存在互动，风险事件与心理、社会、文化等因素相互作用，可以增强或减弱风险的公众感知，导致风险"放大"且产生涟漪效应，还存在特定条件下的"群体极化"事态。❷ 风险事件演化的进程显示，"真实"（绝对）风险和"失真"（由社会决定）风险之间没有明显的界线。某种程度上，信息系统和公众反应系统决定着风险性质及其影响范围和重要程度。风险的社会放大的效应可能远超事件起初的影响范围，甚至波及此前与此无关的技术或机构，即风险的社会放

---

❶　大卫·罗佩克. 风险认知中的恐惧和理性［EB/OL］.（2012 – 10 – 29）［2024 – 04 – 15］. https：//cn. nytimes. com/opinion/20121029/c29gray/.

❷　尼克·皮金，罗杰·E. 卡斯帕森，保罗·斯洛维奇. 风险的社会放大［M］. 谭宏凯，译. 北京：中国劳动社会保障出版社，2010：4.

大导致的次级或三级"涟漪"效应。❶ 申言之，风险、风险事件及两者的特征通过风险信号被刻画出来；风险信号又以强化或弱化对风险及其可控性的认知方式，与一系列心理、社会、制度或文化过程相互作用。通过多样化的社会以及个体的"放大站"（例如政府部门、媒介、评估专家、专业组织、社会公众等"放大站"中信息加工的重要节点）的传播，风险信号可能发生可预见的转换——增加或减小某一事件信息的分量，突出某些信息特征，或者重新解读和阐释事件符号和形象，引起社会体系中其他参与者做出特定的再解读与反应。❷ 总之，风险的社会放大框架理论从建构主义层面描述风险放大的社会系统，将风险的技术评估、风险感知和风险相关行为的心理学、社会学研究以及文化视角系统地联系起来，结合社会风险扩散的主观与客观要素、微观与宏观环境变量，并经过社会学实证研究的验证，对危机风险放大具有很强的解释力。基于风险的社会放大理论，风险的防范治理需要研究风险的传播与放大，以此为基础进行客观防治，以降低或消弭风险的实质影响。

（三）风险社会理论的主要内容

1. 以现代性为关键词透视风险社会

"现代性是指一种社会生活或组织模式，产生于17世纪的欧洲，实际上是指一种先前存在的事态即将走向终结，特别是那些

---

❶ 李黎丹. 从风险的社会放大框架看媒体的社会责任［EB/OL］.（2015 – 09 – 17）［2024 – 04 – 10］. http://yjy. people. com. cn/n/2015/0917/c245083 – 27600412. Html.

❷ 祝阳，雷莹. 网络的社会风险放大效应研究——基于公共卫生事件［J］. 现代情报，2016（8）：14 – 20.

认为我们正在从以物质产品生成基础上的社会体系向主要与信息相关的社会体系转变的讨论。"❶ 风险与文明进程和不断发展的现代化紧密相连，现代性是现代这一历史概念和现代化这一社会历史过程的总体性特征。现代性是一个历史分期，代表一种断裂，也代表当前时代的现在性，是一个时间范畴。现代性就是现在这个时代所特有的特性，主要表现在政治、经济、社会、文化的过程。现代性在制度层面是多维的，断裂和非延续性是现代性的特点，具体来说，现代的社会制度在某些方面是独一无二的，区别于所有类型的传统秩序，这主要是由于现代性时代的飞速发展，尤其是技术方面，几乎渗透所有领域，而且在不同领域之间都产生了普遍的联系，社会化变革已经席卷全球。正是现代化的深入发展，促使风险社会逐步取代工业社会，风险社会是自反性现代化的结果。

风险社会理论以现代性为关键词展开研讨。如贝克所述，"风险社会的中心论题是：各种后果都是现代化、技术化和经济化进程的极端化不断加剧所造成的后果，这些后果无可置疑地让那种通过制度使副作用变得可以预测的做法受到挑战，并使它成了问题"❷。贝克的风险社会理论以现代性发展为切入点，认为风险社会的产生伴随着现代社会而来，对"发达的现代性"进行了质疑和反思："在发达的现代性中，财富的社会生产系统地伴随着风险的社会生产。"❸ 贝克还以现代化程度来划分工业社

---

❶　安东尼·吉登斯. 现代性的后果 [M]. 田禾，译. 南京：译林出版社，2011：2.

❷　乌尔里希·贝克，约翰内斯·威尔姆斯. 自由与资本主义 [M]. 路国林，译. 杭州：浙江人民出版社，2001：125.

❸　乌尔里希·贝克. 风险社会：新的现代性之路 [M]. 何博闻，译. 南京：译林出版社，2004：15.

会，简单的现代化是工业社会，自反性的现代化是风险社会，也即风险社会就是工业社会发展的后期，或者称其为新发展阶段。吉登斯则总结"风险是现代性的本质"，将风险置于现代社会的宏观考察之中，以此反思现代性、理解现代性及重构现代性。吉登斯形容现代性的毁灭力量像一个无法控制的功率巨大的发动机，生活在现代社会，几乎无法避免风险的存在，人类在未曾享受全球化带来的便捷、财富时就已品尝全球化风险的恶果——贫困、污染以及核辐射；并且只要现代性制度持续下去，人们就难以掌控风险的进程，无法逃离、不能避免，唯有应对。

2. 对现代性的自反性进行深入阐述

风险社会理论对作为自反性的现代性产物的风险问题进行了深入阐述。贝克所述自反指的不是自我反思而是反噬。贝克认为自反性现代化是指"创造性地自我毁灭整整一个时代——工业社会时代——的可能性，这种创造性毁灭的对象不是西方现代化革命，也不是西方现代化的危机，而是西方现代化的胜利成果"❶。自反性现代化阶段是一种结构性自反，在这一阶段，进步可能会转化为自我毁灭，一种现代化削弱并改变另一种现代化。吉登斯认为现代社会生活的自反性在于"社会实践总是不断地受到关于这些实践本身的新认识的检验和改造，从而在构成上不断改变着自己的特征"❷。在对自反性现代化的理解上，贝克与吉登斯基本相同，风险文化的代表人物拉什则认为个体、自我的能动作用

---

❶ 乌尔里希·贝克，安东尼·吉登斯，斯科特·拉什. 自反性现代化：现代社会秩序中的政治、传统与美学 [M]. 赵文书，译. 北京：商务印书馆，2014：5.

❷ 安东尼·吉登斯. 现代性的后果 [M]. 田禾，译. 南京：译林出版社，2011：34.

更具有现实意义，个体对于权力的理解从工业社会的被压制，到为了应对风险社会的风险，在现代化中具备了自我反思的能力，能动作用反作用于自身，并且重视文化和文化社群的建构，是自我自反，即自我反思，借此可以激发自反性现代化的强大生命力，个体越独立自主，越具有反思能力。贝克与拉什的观点看似大相径庭，但实际上只是偏重不同的自反性内涵，都涉及自我对抗和自我反思。贝克认为，自反性现代化的后果就是产生大量人为的生存类型的危机，导致工业社会的终结、风险社会的产生。人们应该通过制度的反思和改进，来抵消风险社会潜在的威胁。拉什则认为风险文化时代即将到来，人们更应该有意识地自我反思，运用人的主观能动性对风险进行认知，对结构进行反思和扬弃，用对生存状况的反思能力来改变社会状况，风险文化才是走出现代性困境的正确路径。因此，风险理论中自反性现代化的后果，就是风险社会或风险文化。

从现实生活看待现代性的自反性，居住在全球不同区域的人们在现代技术的支持以及支配下，其衣食住行、劳作休闲、通信交流等主要行为方式以及思维方式都正在以前所未有的速度同化着，形成了全球化时代的现代文明。在享受科技进步带来的便利的同时，人类自身也被改变，整个世界也同时承担着现代性的恶果，任何一个地方所出现的风险都可能会波及整个人类。现代化风险的生产沿回旋镖的弧线而移动。❶ 风险社会理论对现代自反性下的现实生活有着很强的解释力。

---

❶ 乌尔里希·贝克. 风险社会：新的现代性之路［M］. 张文杰，何博闻，译. 南京：译林出版社，2018：30.

3. 从分配逻辑的变化观照风险社会

风险社会理论从分配逻辑的变化观照人类社会，其出发点是确认风险社会分配逻辑已经实现从财富分配逻辑向风险分配逻辑的转变。该理论以资本主义工业社会为分析对象，认为现代国家所要面临的首要问题已经不是物质匮乏，而是风险前所未有的多样性以及风险所造成结果的严重性，风险分摊的逻辑才是所有国家必须费尽心思所要解决的问题。❶ 财富生产/分配与风险/分配生产之间的关系发生了转变。在工业社会中，财富生产/分配的逻辑支配着风险生产/分配的逻辑；在风险社会中，风险生产/分配的逻辑代替了财富生产/分配的逻辑成为社会分层和政治分化的基准。如贝克所述，工业社会的推动力可以概括为"我饿"，而风险社会的驱动力则可以概括为"我怕"。❷

风险社会中的风险并非空谈，而是由社会中的人来承担，犹如财富分配一样，风险也一样存在分配的问题，而且比财富分配更不公平。贝克揭示"财富在上层聚集，风险在下层聚集"，不平等的风险分配逻辑下，有权势者能够转嫁风险，强权阶级制造的风险由弱势群体承担。从更大的国际范围看，发达国家制造的风险由发展中国家来买单。虽然短期看，强权转嫁了风险，但风险最终会出现平均分布的特点，制造风险的人迟早会自食苦果。从系统的角度来看，在现代化进程的连续性中，"财富分配"和

---

❶ 薛晓源，刘国良. 全球风险世界：现在与未来——德国著名社会学家. 风险社会理论创始人乌尔里希·贝克教授访谈录 [J]. 马克思主义与现实，2005（1）：44 – 55.

❷ 乌尔里希·贝克. 风险社会：新的现代性之路 [M]. 张文杰，何博闻，译. 南京：译林出版社，2018：48.

"风险分配"各自的社会局势与冲突，迟早会在社会史的某个阶段结合在一起。❶

4. 从技术之维探讨风险社会的根源

技术的本质是人类认识世界和改造世界的方式。现代科学技术的发展改善了人们的衣食住行，提高了人们的物质和精神文化生活水平，开阔了人类的视野和对物质世界的认识水平，是人类对自然规律认识的成果，同时也是人类创造性思维的最高成就，但随之也带来各种难题。现代社会越来越依赖于如电力网络、通信系统和金融系统的稳定运行，一旦这些技术系统受到故障、漏洞、网络攻击或自然灾害等因素的影响，往往会引发系统失效和服务中断的风险，给人类社会带来意想不到的影响。一些技术应用可能对环境产生负面影响，化学品的广泛使用可能导致土壤、水源和大气污染，温室气体排放带来气候变化和全球暖化等环境问题。生物技术和基因工程的发展虽然带来重大的医学进步和农业应用前景，但也引发了遗传信息滥用、伦理问题、生物安全和生物恐怖主义威胁增加的风险。克隆人技术造成人伦关系的混乱，信息技术的快速发展带来个人隐私泄露风险以及网络和数据安全威胁。人工智能技术的快速发展也带来一系列新的风险，自动驾驶汽车可能面临交通安全问题和道德抉择；机器学习算法可能存在偏见和歧视等问题，以 ChatGPT 为代表的人工智能对人类劳动的替代、智能系统的不可预测与不可控、人工智能成果的权利归属与责任配置等疑问亟待厘清解决。隐私权、公平性和道德

---

❶ 乌尔里希·贝克. 风险社会：新的现代性之路 ［M］. 张文杰，何博闻，译. 南京：译林出版社，2018：5.

准则等方面的冲突将引发社会争议和纠纷，科技巨头的垄断和权力集中会导致经济不公平和社会剥夺等。总之，技术的急速发展对政治、社会和法律提出新的挑战，技术已经从人类的工具变成了需要规制的直接对象。

风险社会理论从技术之维探讨风险社会的根源，认为风险社会与技术之间存在强关联性，风险的产生、界定与分配总是与技术相伴始终，被视为社会发展决定因素和根本动力的现代科学技术正在成为当代最大的社会风险源。基于风险社会理论，新技术的研发必须全面评估其潜在风险，如何规制技术的应用并采取相应的管理和控制措施来减少风险的发生，是现代社会必须解决的难题。

5. 从制度之维分析风险社会的理性决策依赖

制度问题也是风险社会形成的主要根源，现代风险与现代性制度具有密切关联性，是现代性制度的必然产物和困境。现代社会是由制度构建起来的，现代制度的构建旨在提供预期和提升确定性，增强人们应对风险的能力，却产生了新的更大风险——制度设计的不健全会导致风险的生成，形成制度化风险。制度执行过程中的变形、不完善和错误也会导致风险形成和加剧。制度风险复杂多样，涉及多个领域多个方面，有效管理复杂的制度风险是现代社会的一大挑战。

风险社会理论从制度之维的内生层面分析现代风险的理性决策依赖，认为今天的风险就是昨天的理性决策，认为现代社会风险是现代性变异的一种结果，也是各种制度建构所内在具有的自反性。从根源上讲，风险也是内生的，伴随着人类的决策与行为，是各种社会制度，尤其是工业制度、法律制度、技术和应用科学等正常运行的共同结果。❶ 贝克和吉登斯从现代制度和社会结构角度对现代风险的根源、风险社会的形成及现代风险的应对等问题进行了独到分析和阐释，吉登斯更注重制度性风险。制度分析是风险社会理论的主要分析方法，制度重建是规避风险的主要出路。如何规避和应对风险，贝克和吉登斯表现出一种强烈的制度主义倾向，即要把制度性和规范性的东西进行凸显并给予恰当的定位，在制度失范的风险社会建立起一套有序的制度和规范，既能增加对风险的预警机制，又能对社会风险进行有效的控制。❷

总之，风险社会研究的制度之维侧重于从制度和结构视角对现代风险形成和规避等问题进行分析和探讨。基于风险社会的制度之维，传统的社会制度和机构往往无法有效应对新兴风险，风险社会需要制度创新，构建更加灵活、适应性强的制度，以便更好地预测、防范和应对风险，重新思考将公共政策从传统的危机管理和问题解决导向，转变为更加注重风险预防和风险治理，强调综合性、跨领域的协调合作的制定和执行，以更好地应对风险挑战，制度的持续改进和完善是降低风险的关键。

6. 从世界风险社会角度揭示全球风险的历史性力量

广泛存在的风险是现代社会的基本特征，是后工业社会的内在品性。在高度全球化的今天，工业生产带来的不仅是地区性的污染，也带来无法预测的全球性的风险。近年来争议较大的福岛核废水排放事件就是例证，人类一直营造的"地球村"，也是风

---

❶ 张义祯. 风险社会与和谐社会 [N]. 学习时报，2004 - 03 - 25.
❷ 张广利，许丽娜. 当代西方风险社会理论的三个研究维度探析 [J]. 华东理工大学学报（社会科学版），2014（2）：1 - 8，16.

险传播的快车道。贝克认为："人们既可以否定、攻击全球化，也可以为它欢呼，但是人们无论如何评价全球化，涉及的都是这样一种强势理论：以领土来界定的社会领域的时代形象，曾在长达两个世纪的时间里，在各个方面吸引并鼓舞了政治、社会和科学的想象力。如今这种时代形象正在走向解体。伴随全球资本主义的是一种文化与政治的全球化过程，它导致人们熟悉的自我形象和世界图景所依据的领土社会化和文化知识的制度原则瓦解。"❶ 全球化是风险社会的诱因和表现、工具与问题。

贝克在对风险社会的分析中即发出"是否存在一种世界风险社会的启蒙功能（enlightenment function），即一种世界风险社会世界主义时刻（a cosmopolitan moment）"的疑问，认为"生态灾难或核泄漏向来无视国界。与此同时，风险也会制造新的国际不平等，首先是第三世界和工业国之间的不平等，其次是各个工业国内部的不平等。风险社会是一个世界风险社会"。❷ 在《世界风险社会》一书中，贝克明确提出"全球风险社会"的概念，认为随着风险的不断扩散和全球化的不断推进，风险社会从根本上说是世界风险社会或全球风险社会。❸ 世界风险社会理论的主要观点是：各种各样的新风险和"人为制造出来的不确定性"型构了现代社会，对各种全球灾难的全球预感动摇了现代社会的基础。这种对全球风险的感知可以概括为去在地化（de –

---

❶ 乌尔里希·贝克. 全球化与政治 [M]. 王学东，柴方国，译. 北京：中央编译出版社，2000：14.

❷ 乌尔里希·贝克. 风险社会：新的现代性之路 [M]. 张文杰，何博闻，译. 南京：译林出版社，2018：9.

❸ 乌尔里希·贝克. 世界风险社会 [M]. 吴英姿，孙淑敏，译. 南京：南京大学出版社，2004：12.

localization)、不可计算性（incalculableness）以及不可赔偿性（non‑compensatability）三个特征。不可计算的各种风险（彼此之间相互影响）的去在地化发生在空间、时间和社会三个层面，空间层面，新的风险并不遵守民族国家界限或者其他任何界限；时间层面，当下对未来灾难的预期不再能够依赖于过去的体验；新风险潜伏期长，其长期影响难以依据概率进行测算；社会层面，因果关系不再具有可靠性。❶

总之，风险社会理论认为，世界风险社会是一个潜在的变革性社会，常规状态和紧急状态交织在一起，体现全球风险的历史性力量，对紧急事件的预期状态不再局限于国内，而是世界主义的。全球风险拥有毁灭"有组织的不负责任"（organized irresponsibility）机制的力量，甚至拥有披露这类机制以开启政治行动的力量。现代性的各种基本原则，包括自由市场原则和民族国家秩序原则，都开始受制于变化、各种替代可能性的存在和偶然性。❷ 在某种意义上，全球风险冲突的确具有启蒙功能。冲突导致了现有秩序的不稳定，但也可以被视为走向建构各种新制度的关键一步。风险这一看似不佳的事物的好处是国家自我中心主义为了其自身必须向世界主义的方向开放，其开启了一个道德和政治空间，从而能够引起一种超越各种边界和冲突的有关责任的市民文化。"每个人都是脆弱的"这种创伤体验和由此导致的

---

❶ 乌尔里希·贝克：风险社会的"世界主义时刻"——在复旦大学社会科学高等研究院的演讲［EB/OL］.（2018 – 02 – 19）［2024 – 04 – 10］. https：//www.aisixiang. com/data/32939. html.

❷ 乌尔里希·贝克：风险社会的"世界主义时刻"——在复旦大学社会科学高等研究院的演讲［EB/OL］.（2018 – 02 – 19）［2024 – 04 – 10］. https：//www.aisixiang. com/data/32939. html.

"对他者的责任"（也是为了他自己生存的利益）是世界风险中的信念的两个方面。经由应对风险的信仰，在国内和国际上都变成一个前所未有的达成共识和合法化（legitimation）的资源。基于此，贝克鼓励旨在形成共担风险的全球道德的政治试验，建议进一步探索在一种跨国、跨文化比较和全球化的水平上来讨论问题的方式，这要求人们在不同的文化框架下重新建构风险及风险管理的社会定义，在不同的文化—政治背景中将其有组织地不负责任和定义关系的问题结合起来，❶ 采取相应的政治措施。

二、风险社会理论的法学应用

贝克等学者提出的风险社会这一时代诊断具有重要的思想史意义。风险社会理论为分析现代社会问题提供了一种新的范式，从整体意义上去认识社会风险问题，并根据现代化发展的目标预测未来事态，制定正确政策，形成科学决策的思维方法，❷ 从而为现代社会的风险治理提供了新思路。风险社会理论对于自然科学以及经济学、社会学、心理学、法学等社会科学领域的研究产生深远影响并得到广泛应用。

当前社会已经进入一个不确定性的历史时期，确定性始终是社会治理体系所谋求的目标，法律以及所有在工业社会成长起来的治理方式在以往所表现出来的只是适应低度不确定性条件下的治理要求，无法解决当前高度不确定性条件下所产生的社会问

---

❶ 张文霞，赵延东. 风险社会：概念的提出及研究进展 [J]. 科学与技术，2011，1（2）：53–63.

❷ 夏玉珍. 论现代化发展的社会风险与代价——基于风险社会视角的分析 [J]. 广东社会科学，2009（1）：161–167.

题，❶ 传统法律在风险社会面临后现代挑战。风险社会强调反思现代性，面对风险现实，现行法律体系能否适应风险社会的不确定性，法律制度体系如何改良以防控和应对风险值得深思。如贝克所述，"法律制度的价值和意义就在于规范和追求技术上的可以管理的哪怕是可能性很小或影响范围很小的风险和灾难的每一个细节"❷，风险社会理论在法律此种治理方式的反思与改良方面已经并且仍将产生深远影响，发挥重要作用。

（一）法学各学科领域的适用

1. 风险社会理论对刑法学研究的影响

"如果刑法是一个社会感受的表述，那么风险社会中的刑法就会成为安全的中继站。"❸ 刑法是回应社会需求的一种控制工具，作为世界上最古老的部门法律体系，风险控制与权利保障是刑法所追求的目标。风险社会为理解和把握现代刑法提供了全新的观察视角，也为反思传统刑法提供了重要的理论工具。❹ 近年来兴起的风险刑法理论试图以风险社会理论为基础，发展出一套旨在回应社会需要尤其风险控制的法律体系。风险社会理论强调现代社会面临的风险与不确定性，以及这些风险对个人、社会和环境的影响。这与传统的刑法学研究关注罪责与刑罚的观点存在一定的差异。风险社会理论提示刑法学界关注非传统的犯罪形式和潜在的危害，传统的刑法学偏重于对已知犯罪行为的制裁与惩

---

❶ 张康之. 历史转型中的不确定性及其治理对策 [J]. 浙江学刊，2008 (5)：11 – 18.

❷ 乌尔里希·贝克. 从工业社会到风险社会（下篇）——关于人类生存、社会结构和生态启蒙等问题的思考 [J]. 王武龙，译. 马克思主义与现实，2003 (5)：60 – 72.

❸ 乌尔斯·金德霍，伊泽尔. 安全刑法：风险社会的刑法危险 [J]. 刘国良，译. 马克思主义与现实，2005 (3)：38 – 41.

❹ 陈晓明. 风险社会之刑法应对 [J]. 法学研究，2009 (6)：52 – 64.

罚，而忽视了新兴的风险与危险源，风险社会背景下，刑法学研究开始关注更广泛的犯罪类型，如环境犯罪、经济犯罪、科技犯罪等，以应对不断变化的社会风险。风险社会理论还促使刑法学界重新审视刑罚的功能与效果，传统刑法学主要关注对犯罪行为的惩罚，而在风险社会中，罚责的效果面临挑战，需要更加关注预防和治理风险的手段，以减少犯罪行为的发生。因此，刑法学研究开始关注风险管理、预防犯罪、再犯预防等方面的问题，以更好地应对现代社会的风险挑战。

风险刑法理论的生命力，正在于其对生活实践与法学的科学性之间的疏离表现出应有的关注，力图根据社会环境的变化来重新把握法教义学预设为真理的基础。风险刑法理论之于刑法体系的意义，主要在于它凸显了刑法体系的应变性的面向，即刑法体系必须对外部环境给出的压力做出必要的应对，实现自身的与时俱进，确保自身与全社会系统的协调性发展。❶ 近期刑法领域内，立法方向从回应犯罪转型到预防犯罪，刑法前置化立法倾向、刑罚罪名的扩张等动向，均与风险刑法理论有关联。

2. 风险社会理论对环境风险法律规制的启示

环境风险已被列为对地球和人类最具潜在危害的风险之一。环境风险具有不确定与不可预知、生发演变彼此互联、损害后果长期潜伏与跨界扩散等复杂情境，❷ 一百多年来各国纷纷出台相应的法律或规定以规制环境风险，控制因环境产生的众多不良后果。现代工业社会的组织形态使诸多社会问题的规制理念和思考

---

❶ 劳东燕. 风险刑法理论的反思 [J]. 政治与法律，2019 (11)：30 – 43.
❷ 钭晓东. 从"刚性规制"迈向"韧性治理"：环境风险治理体系与治理能力现代化变革 [J]. 中国高校社会科学，2022 (5)：96 – 109，159.

逻辑需要在风险社会的叙事背景下展开，而环境风险正是这一背景下的重要问题。❶

　　环境风险是人类无法回避的现实风险，风险社会理论为环境问题研究提供了一种新的理论范式，即从整体意义上去认识社会风险问题，并根据现代化发展的目标预测未来事态，制定正确政策，形成科学决策的思维方法。❷ 风险社会理论不仅有助于揭示社会风险的性质，也有助于从一个新的视域来全面认识环境冲突，从而为今后有效规避风险，促进社会和谐发展提供理论价值。基于"风险社会"视角，环境冲突的风险表现为现实风险和潜在风险。其中现实风险包括健康风险、灾害风险以及经济风险，而潜在风险表现为由环境冲突中的不确定因素所引发的政治、法律以及国家安全的影响和后果。当前，中国环境冲突的社会风险呈现出从可能性向现实性转变的态势，因而必须在风险理论的指导下，运用多元主体共同参与公共事务的协同治理模式，通过推进行政改革、构建公众参与机制以及完善法律制度等手段，发挥政府的主导作用和公众的主体作用，提升并保障协同治理的实效与健康运行。❸

　　总体而言，风险社会理论催生了环境法治向纵深发展，提示了环境风险的规制路径——如学者提出，与传统规制手段不同，环境风险规制以对当下社会关系的调整实现对未知风险的控制，

❶ 董正爱. 环境风险的规制进路与范式重构———基于硬法与软法的二元构造 [J]. 现代法学, 2023（2）: 112-124.

❷ 夏玉珍. 论现代化发展的社会风险与代价——基于风险社会视角的分析 [J]. 广东社会科学, 2009（1）: 161-167.

❸ 严燕, 刘祖云. 风险社会理论范式下中国"环境冲突"问题及其协同治理 [J]. 南京师大学报（社会科学版）, 2014（3）: 31-41.

体现了未来不确定的环境利益对于现有利益的优先价值顺位，规制手段的选择则需要更大的开放性和自愿性。环境风险规制就是对风险中的诸多利益进行平衡与协调，规制活动应当确保合法性与回应性，故而有必要在"硬法—软法"的法理基础上重新认识环境风险规制的内涵。❶

3. 风险社会理论对侵权法理念的影响

"风险属于不可能预先防止，却可以事后归责的范畴，具有侵权行为法的意义，需要检查履行注意义务的程度，与法律制度的条件设定有着极其密切的关系。"❷ 侵权责任法脱胎于刑法体系，遵循传统刑法的"报应原则"，随着私法的发展，侵权责任法逐渐脱离出来成为民法的重要内容，过错原则是其主要原则。在民法的侵权责任理论中，传统的归责理论分为过错责任、无过错责任、过错推定责任，实际上要求首先有损害结果，行为人实施的损害行为，危害行为和结果具有因果关系，这也是基于损害补偿的因素进行归责，基点是追求利益均衡。侵权法的作用即在于确定在何种情况下向受害人提供何种救济，主要侧重于事后救济。但侵权行为可能对公众健康、环境安全等方面产生重大影响，因此需要通过侵权法来平衡公共利益和个体权益之间的关系，事后救济是成本最高的救济方式，侵权损害赔偿请求权行使的门槛和诉讼机制运行的成本往往让损害实际上得不到填补，如何衡量和计算侵权行为的风险和损害？侵权法并不是解决损失分担的最有效手段，随着社会发展水平的提高，这种救济机制将只

---

❶ 董正爱. 环境风险的规制进路与范式重构———基于硬法与软法的二元构造 [J]. 现代法学, 2023（2）: 112 – 124.

❷ 季卫东. 依法风险管理论 [J]. 山东社会科学, 2011（1）: 5 – 11.

是一种辅助手段，因此侵权法不是社会救济法的全部，只是社会救济系统的一个子系统。❶

在现代风险事故社会中，随着各种危险活动成为社会共同生活中最主要的潜在加害来源，原先适用过错责任的一些领域转而适用危险责任。现代风险事故社会迫使侵权法内在体系从一元的过错责任原则转到以过错责任和危险责任为中心的二元归责体系。❷ 而风险社会理论的指引促成了侵权法的功能变迁，对侵权行为的规制从"报应原则"转为"预防原则"，侵权责任由二元归责体系进化至更为复杂的三元归责体系。侵权法的理念，从抽象意义上的自由与平等逐步演变为确保实质意义上的自由与平等。

总之，风险社会背景下的侵权法研究关注到了新的问题和挑战，重视公共利益和个体权益的平衡，多方主体的权益，以及与科技和社会实践密切结合有助于更好地应对风险社会中的侵权问题，维护社会的公平和稳定。侵权法镶嵌于社会现实之中，在风险社会理论指引下，既要关注现代的问题，同时也要关注未来的问题：在风险中谋求安全，在和谐中促进发展。

4. 风险社会理论对行政法学研究的影响

现代社会科技、工业化和全球化等因素导致了各种风险和不确定性的增加。传统的行政活动主要是反应式的，目的在于维系现有秩序；而风险规制是面向未来的，通过预测性的活动，寻找潜在的危害根源并加以消减，从而试图掌控未来。由于政府不仅

---

❶ 何国强. 风险社会下侵权法的功能变迁与制度建构［J］. 政治与法律，2019，290（7）：93－104.

❷ 朱岩. 风险社会与现代侵权责任法体系［J］. 法学研究，2009，31（5）：18－36.

仅是针对一个具体的、正在面临的违法现象，而是要预见可能造成破坏的根源，避免所有不受欢迎的情况，行政活动的范围实际上大大扩张。❶

传统的行政法研究主要关注行政机关如何行使权力、履行职责，以及与公民的关系等方面。风险社会涉及复杂的风险问题，传统的法律制度往往基于简单预测和追溯责任的原则，但现代风险问题的特点是不确定性和无法追溯。因此，行政法需要调整原则和规则，以适应更加复杂和不确定的风险问题；行政法研究不仅需要关注行政机关的权力行使，还需要重视行政机关如何管理和应对风险问题。

具言之，风险社会中，权力的行使不再仅限于传统的行政行为，还涉及风险评估、风险管理等方面，包括对风险的预测、监测和评估，以及建立相应的监管机制和制度，确保风险问题得到及时管控和处理。如何有效管理风险、保障公众安全成了重要议题。这就要求行政法研究者重新思考行政法的原则和规则，以适应新的情境。行政法研究需要关注行政法制度的改革，以适应风险社会的挑战。其一，风险社会理论强调风险是社会共同面对的，因此，行政法需要在保护公众安全和个体权益的同时，促进行政行为中风险的公平分担，避免将风险转嫁给弱势群体或特定个体，需要关注国际法和跨国合作的规范框架。其二，解决风险问题需要各学科之间的合作，如法学、社会学、经济学等，需要重视与各学科之间的交叉研究。其三，个体需要更多的信息和参

---

❶ 埃贝哈特·施密特－阿斯曼，等. 德国行政法读本 [M]. 于安，等译. 北京：高等教育出版社，2006：54.

与权来应对风险。保障公众的知情权要求行政机构主动公开风险相关信息，并为公众提供参与风险决策的机会。

现代社会由不确定性引起的风险需要政府进行回应和处理，需要重构一个以政府为主导的风险治理体系，行政法也就因此需要直面不确定性带来的种种挑战，秩序行政时代的"确定性"法律解决方案难以为继，两大基石"法律保留原则"和"比例原则"也不可避免地面临着虚置的危险。如何在不确定性中寻求法律的确定性以及如何在"行政宪制主义"理论指引下构建一种法律、公共行政和技术风险之间的文化上共生关系？这无疑是未来行政法的一个研究方向。❶ "风险行政法"的出现反映了行政法学回应不确定性挑战的理论尝试，"风险行政法"需要成为一种直面"不确定性问题"的"未来法"。❷

5. 风险社会理论对经济法研究的影响

现代意义的经济法形成于市场经济从自由竞争阶段进入垄断阶段之际，是旨在调整国家对市场经济活动实行干预、管理、调控所产生的经济关系的法律规范。经济法即为风险管理法，政府介入市场经济活动的过程需要经济法的协调规制，保障市场的有序竞争。

经济法的本质是对抗、防控系统性的经济风险，风险理论在经济法领域的融入改变了经济法法学研究的视角、理论以及重点。研究视角方面，学者们认为从经济法的角度研究经济风险，

---

❶ 伊丽莎白·费雪. 风险规制与行政宪制主义 ［M］. 沈岿，译. 北京：法律出版社，2012：52.

❷ 苏宇. 面向不确定性的行政裁量及其法律控制 ［J］. 经贸法律评论，2020（4）：68 – 80.

有必要从系统性角度或者说宏观角度出发，区别于微观市场风险、诉讼风险。与行政法相比较，经济法更贴近社会风险规制，具体研究应当走向精细化。❶ 经济法理论方面，基于风险累积与治理重新审视经济法责任的价值与功能，认为风险话题进一步彰显经济法责任制度架构的问题，经济法的所有制度设计都是为了防范风险，经济法基础理论应当与风险理论结合研究。研究重点方面，经济法学者提出，经济法上风险的本质是公害品，损害具有不可排他性，经济法要解决风险如何分配的问题，应该以义务和责任为中心进行法律规制；以经济法应对风险方式的机制也应转变，需要研究防范工具进行理论或制度创新，在经济法范畴的立意上去思考、分析、处理风险问题，建立经济法的风险范式。风险社会理论对经济法领域的具体风险问题，例如交易风险的规制、电子烟等新兴风险的规制、经济法的保险工具等也提供了分析的框架和思路。❷

6. 风险社会理论在国际法领域的应用

风险社会既是国别意义上的，也是全球意义上的，风险社会也当然构成国际法运作的新语境。贝克认为，全球层面已出现了一个风险共同体，它使国界成为无意义的东西，使世界社会成为一种必要的乌托邦；❸ 风险社会要求国家、私有公司和各门科学

---

❶ 第十九届全国经济法前沿理论研讨会暨经济法 30 人论坛（第九期）［EB/OL］.（2018 – 11 – 14）［2024 – 05 – 05］. https：//www. economiclaw. pku. edu. cn/xwdt/1295142. htm.

❷ 第十九届全国经济法前沿理论研讨会暨经济法 30 人论坛（第九期）［EB/OL］.（2018 – 11 – 14）［2024 – 05 – 05］. https：//www. economiclaw. pku. edu. cn/xwdt/1295142. htm.

❸ 乌尔里希·贝克. 风险社会：新的现代性之路［M］. 张文杰，何博闻，译. 南京：译林出版社，2018：52 – 57.

开放其决策过程，并需要各国通过缔结相关国际条约，创新相关机制以应对风险全球化的危机。❶

工业社会向风险社会的转变导致法律的社会基础发生根本性变化。与国内法相比，国际法在风险社会语境中面临更严峻的挑战。其一，许多发展中国家参与全球化往往是迫于发达国家的压力，因而卷入全球风险社会不尽然是其主动、理性选择的结果；其二，迄今国际社会仍然处于无政府状态导致阶级地位与风险地位的重叠更为突出，进而发展中国家被不正当地要求承担过多的风险；其三，国际法造法过程缺乏民主与效率使得国际社会在风险不断积聚的情况下尚未能有效构建应对风险的制度。❷

风险社会理论在国际法学科中的应用主要体现在跨国性问题上，强调国际合作和共同应对风险挑战。风险社会提示人们，环境问题不局限于国家边界，而是成为全球共同面临的风险，国际环境法的发展趋向是跨国合作，通过国际条约和协议来共同应对全球性环境问题。新冠疫情的全球传播造成的公共卫生风险成为国际社会面临的共同挑战，国际公共卫生法应该强调国际合作，建立预警机制和应急响应体系，加强跨国交流和合作。此外，传统的国家安全观念已不再适应当今社会的风险挑战，国际安全法需要转向更加综合的安全观，考虑到非传统安全威胁，如网络安全、环境安全等，加强国际合作，共同维护全球安全。总之，风险社会背景下，全球治理牵一发而动全身，关于资源、经济、利益的争斗，更易产生争端，争端的解决方案亟须国际法学界开展

---

❶❷ 蔡从燕. 风险社会与国际争端解决机制的解构与重构 [J]. 法律科学（西北政法学院学报），2008（1）：153－163.

深入研究。可以认为，风险社会语境下，全球风险社会和共同利益在一定程度上超越了政治对立与观点分歧，经济发展、贫困削减、环境保护、气候变化等人类生存危机所产生的规范需求，将全球意识、协同意识及行动意识注入国际法创新进程。风险社会理论为重新认识和思考国际法的发展方向提供了有益的启示，国际法理论研究需要关注公正、和谐、人本、秩序、发展、创新等要素共同构成的价值体系，需要直面国际社会新生的规范需求，需要大幅投入人类共同命运、共同风险、共同未来的研讨。❶

（二）风险社会理论的不足之处

尽管风险社会理论提供了有关当代社会中风险与不确定性的重要洞见，在包括法学研究在内的各领域有着广泛的应用，但该理论也存在不足之处。

1. 缺乏定量分析

风险社会理论主要关注社会风险的社会建构和文化维度，更多的是借助社会学的定性研究方法，对于一些概念定义不够明确，如"风险""风险社会""风险感知"等，使用大量的案例分析和个案研究方法，相对缺乏定量分析方法来量化和比较社会风险的大小、分布和影响，这导致理论的具体应用和解释存在一定困难，难以得出精确的结论或进行可靠的预测。目前，该理论在法学领域的应用，较为关注社会的风险与不确定性，相对而言缺乏深入的定量分析和比较研究，缺乏对法律实践的具体考量。

---

❶ 何志鹏. 聚焦涉外法治理论与实践前沿　推进彰显自主性的国际法研究［N］. 检察日报（理论版），2024－01－08.

法学研究需要深入探讨法律规制的实际操作和影响，这些正是风险社会理论分析方法的薄弱点。风险社会理论较为注重个体行为对社会风险的影响，但相对缺乏对制度问题的重视。此外，从建构论的视角来解释，当代社会人们对风险的察觉和认知程度大大增加。人们感知风险的增多，是由于社会文化与个体心理的相互作用、共同建构的结果，风险的社会建构存在一种社会放大效应，❶ 此种效应也是难以量化的。

2. 过度强调风险

风险社会理论将风险看作社会的核心问题，在一定程度上过度强调风险带来的负面影响，忽视了社会发展进步和创新的积极适应的可能性，也忽视经济因素的影响，是一种偏悲观的社会观念，可能削弱对社会发展和创新的理解和重视。过度强调风险会导致人们对社会的观念偏向悲观，只关注负面影响和威胁，可能影响人们对社会的信心及对未来的积极预期，危及社会的稳定和发展。过度关注负面风险还会导致对积极风险和机遇的忽视。实际上，社会风险不仅仅是负面的，也包括一些积极效应，如创新和发展所带来的机遇。当个体在面对风险时，可以通过个人行动和决策来减轻风险的影响，但如果过度将风险看作社会结构性问题，个体的能动性和责任可能被忽视，影响决策和政策的制定，决策者会采取过于保守的策略和政策，限制创新和发展。消极风险情绪的社会传播，会增加人们的恐慌和焦虑感，导致社会的不安定和紧张，影响生活质量和幸福感。总之，风险社会理论对风

❶　刘岩 . "风险社会"三论及其应用价值 [J]. 浙江社会科学，2009（3）：64 - 69，126 - 127.

险的强化可能导致对积极风险和机遇的发现和利用能力下降，忽视个体在面对风险时的责任和选择。

3. 缺乏解决方案

风险社会理论对特定社会和文化背景下的风险问题具有一定的解释力，但其普适性和适用范围有限。风险社会理论主要关注社会风险的存在和影响，倾注过多的笔墨对问题进行描述和解释，但不太关注解决问题的具体途径和方案，未提供具体的解决方案或应对策略，难以应用风险社会理论按图索骥找到针对特定风险的有效解决方案。此外，不同地区和文化背景下的风险问题具有很大的差异性，风险社会理论在这些情境下的解决方案也缺乏针对性和实用性。

社会风险分配涉及不同利益相关者之间的利益冲突和权力关系，需要考虑不同利益相关者的权益和观点，并通过公众参与和利益协商等方式来实现解决方案的制定和实施，风险社会理论在很大程度上是基于案例分析和个案研究的，缺乏大规模实证验证的支持，没有提供明确的方法或指导原则供应解决方案或化解冲突。此外，也缺乏与其他学科的跨学科合作，无法充分利用其他学科的知识和方法来进一步解决社会风险问题。对于非西方国家的风险治理问题，也鲜少涉足。

总之，虽然风险社会理论为社会风险问题的识别和理解提供了重要的视角，但在解决方案的提供和实践引导方面还存在一定的不足。作为一种理论工具，风险社会理论并非放之四海而皆准的分析框架。风险的整体防控需要结合其他理论、方法和学科的研究成果，进行综合性的研究和跨学科合作，以提供更具体、有效的解决方案。

第二节　专利制度概览：理论基础、
国际协调与既有危机

创新激励是专利制度的功能标签，既往关于专利制度的研讨多从创新视域与伦理视角展开，即便持专利失灵、专利危机观点者，也主要是从专利制度制约、阻碍创新活动的角度来进行阐发。如"专利制度危机包括累积创新领域的创新受阻"，❶ "专利制度危机是指专利制度能够激励创新、推动知识经济发展的作用日趋遭受质疑，否定专利制度存在的价值，甚至希望能够推翻专利制度的呼声呈增长态势，专利制度的发展进入了前所未有的艰难时代"❷。风险社会理论为专利制度研究提供了新的分析范式和研究生长点，风险规制需求为专利制度改良提出了价值坐标和规则指向。本部分基于风险视角，对专利制度的初创与演进展开历史维度的梳理，对专利制度在实然层面经历的变迁进行解读，确定风险视域下专利制度变革的逻辑起点。

一、专利制度的理论基础

人们为什么应当拥有发明创造的所有权？专利如何从封建的垄断特权嬗变为资本主义的财产权？劳动论（自然权利论）、

---

❶ 梁志文. 论专利危机及其解决路径 [J]. 政法论丛，2011（3）：69 – 77.
❷ 韩兴. 专利制度危机背景下的技术正义原则研究 [J]. 知识产权，2016（11）：71 – 76.

收益论、契约论等不同的学说从各种视角对专利制度合理性展开论证。

（一）劳 动 论

劳动论基于自然法学派的理论基础上发展而成。英国思想家约翰·洛克（John Locke）认为，人的创造性活动也是一种劳动，按照自然法的理论，智力劳动者对其经过其创造性活动取得的发明成果，在道德上享有独占权利。根据劳动论，专利权是一种自然权利，或者说是一种天赋人权。发明人因其实际完成了发明创造工作，而对其创造的成果当然地享有权利，专利法从法律的角度上对这种自然权利给予了确认。劳动论诉诸自然法则，有强烈的道德直觉主义色彩，无须经验事实的收集❶，在论证知识产权保护合理性方面有一定的优势。因此，专利制度发展的早期，劳动论为各国普遍接受。随着时间的推移，劳动论一些难以自圆其说的弊端逐渐显现。例如，无法解释专利确权的先申请原则、专利保护的地域性原则、专利权的权利穷竭、保护期限、权利限制等，并且，劳动论会导致创造者权利的无原则扩张。但时至今日，劳动论在知识产权正当性证成方面仍然有着广泛的应用。

（二）收 益 论

收益论又称报酬论，是从自然权利说发展而来的。该学说认为，发明人为了完成发明创造势必要耗费大量的人力和财力，对有益的工作应当给予适当的报酬。"报酬论"体现朴素的"按劳取酬"和"按资分配"的思想，意指法律授予专利权是作为对

---

❶ 饶明辉．当代西方知识产权理论的哲学反思［M］．北京：科学出版社，2008：71.

发明人预先支付的人力和财力的一种回报。收益论也存在一定的缺陷。其一，专利制度中所承认的分配原则并不体现按劳分配或者按资分配的原则，因为不管是按劳分配还是按资分配，只要有投入就应当有回报。其二，专利法规定单一性原则，每一发明创造只能授予一项专利权，其他的发明人尽管也同样完成了发明创造，但在法律上得不到相应的权利。因此，这种报酬说事实上并不能圆满地解释专利制度，专利权在性质上是智力劳动的报酬或者资本投入的回报的论断不具有充分的说服力。

（三）契　约　论

契约论是社会契约论在专利领域的延伸，形成并兴起于19世纪后半期欧洲掀起反对专利制度的大论战之时。该学说认为，专利制度实际上是一种发明人与国家或者社会之间的契约。按照契约，发明人以公开其最新的发明创造作为对价，来换取社会对其专利权的承认和保护，补偿发明创造活动中支出的劳动和费用，并获取精神与物质利益；与之相应，社会公众则能通过有偿使用知识产权的成果而获得利益，也能通过合理使用原则无偿使用部分专利成果。专利超过法律所规定的保护期进入公共领域后，任何人都可以自由使用。对社会而言，专利能够增加新的科技知识，为科技进步奠定良好基础。契约思想在现代各国专利法中均有体现，鼓励人们从事进行困难而充满风险的技术创新，鼓励创新成果的公开。契约论反映了专利制度的运作机制，体现法律保护与公开发明创造之间的关系。这一学说至今仍为许多国家的学者所接受，有着广泛的影响力。

（四）发展经济说

发展经济说是在民事立法由权利本位转变为社会本位思潮背

景下形成的。该学说认为专利制度建立的根本目的是发展国家经济。具言之，专利权的授予可以建立竞争机制，通过创新活动让企业保持竞争优势，帮助产业获得高附加值利益，使国家的经济发展位列产业链的高端，获取高额附加值。同时，高新技术的诞生客观上能够刺激经济发展。发展经济说在发达国家和发展中国家都得到认可，只是各自分别从不同的角度对这一假说进行诠释。

（五）产业政策论

产业政策论是为制定产业政策的一种经济理论，认为政府根据国民经济的内在要求，为提高产业素质，调整产业结构，调整供给结构和总量而采取相应的政策和措施来实现科技进步、财富增长、国民就业、公共福利等经济目标。

产业政策论强调国家经济利益和社会综合效果，将私权保护置于工具、次要地位。"私权"制度设计是实现产业发展的政策目标的重要途径，更重要的是在维护"私权"的同时促进产业发展和谋取国家利益。在专利领域，产业政策论强调专利制度的目的不是保护发明人的私有财产，将专利权视为促进技术和经济进步的制度手段。其一，专利制度通过垄断权的授予激励技术开发与运用方面的投资，进而推动社会的技术和经济进步。其二，专利制度促使发明人公开其最新技术，有利于技术情报的交流与传播，进而促进产业发展。其三，如果对某些关系国计民生的领域授予专利权会影响本国产业发展，可以暂时排除对这些领域的发明给予专利保护，待该领域本国科技水平提高后再放宽保护范围。❶

---

❶ 李美云. 知识产权制度基本理论之讨论 [J]. 科技与法律，2011（4）：27-30.

概言之，产业政策论将专利制度视作社会发展工具，在维护私权的同时促进产业发展、获取国家整体利益。各国依据本国产业发展的具体情况，对专利保护对象、保护期限、权利要求的解释、专利审查指南等作出不同的规定即是产业政策论的体现。

　　总之，各种理论学说共同从不同的角度支撑着专利制度合理性的论证。"在不同历史时期、不同领域，自然权利与功利主义都曾扮演了知识产权的生存与扩张的辩护士，只是在逻辑进路上存在明显差异。"❶ 尽管有着不同的视角和侧重点，但上述学说的共同点是以财产权逻辑为基础，建立起以国家强制力为后盾的、制度化地干涉他人利用技术方案的自由的垄断权。"不动产财产权的叙述和经济分析理论日益主导着与其大相径庭的知识产权领域的对话和结论。这种转变源于简单的叙事——将知识产权权利作为一种更为广义的财产制度的构成部分。"❷ 财产权逻辑在现有专利制度中占有支配地位，专利权主要体现为财产性权利，其功利意图非常明显，即通过产权激励促成更多智力成果的出现。现行专利制度的法律秩序存在先天缺陷和潜在危机——专利制度化风险很大程度上即来源于其财产权逻辑。

二、专利制度的缘起与国际协调

（一）专利制度的缘起

专利制度是社会基础发展到一定阶段，科学技术和商品经济

---

❶ 和育东. 从权利到功利：知识产权扩张的逻辑转换 [J]. 知识产权，2014（5）：9–14.

❷ Mark A. Lemley. 财产权、知识产权和搭便车 [J]. 杜颖，兰振国，译. 私法，2012，19（1）：123–162.

的产物，带有某种必然性。技术方案具有介于私人成果与公有领域之间的特殊属性，需要借助市场和制度的双重机制予以调整。工业革命以来，伴随着人类科学技术的高速发展，科技创新形态发生重大变化，企业等市场主体成为知识生产和科技创新活动的绝对主力。知识生产的成果从精神物品成为知识商品或者知识产品，知识成为可供市场机制配置的重要稀缺资源。❶ 在以传统财产权制度为基础的市场中，由私人供给的知识产品难以被归属于已有的财产权体系之中，从而使知识产品难以成为促进经济发展的生产性资源，进而无法成为传统财产法接受的财产权客体，向知识产品提供排他性权利，是基于知识溢出的正外部性对知识产品私人供给的影响，这是知识产权制度界定产权、提供类似于财产权保护的关键原因。随着科学技术以及商品经济的发展，技术变革引发了生产关系的变化，行会乃至国家对技术交易和信息扩散的需求不断扩大，非市场机制中的知识生产开始向市场方向转变，为私人供给的智力成果提供权利保障成为知识从精神产品到生产要素的必要条件，专利制度应运而生。

1474 年，威尼斯政府将长期的专利商业实践惯例法律化，颁布《威尼斯专利法》，初步确立了专利制度的授予条件、主体、期限等基本要素，著名科学家伽利略依照该法获得了关于扬水灌溉机的专利。此种做法伴随着国际贸易的发展在欧洲各国传播开来，这一时期被视为专利制度的萌芽时期。16 世纪以后，为促进经济自足和工业发展，英国政府实行重商主义策略。与此同时，商人不断诉诸各种表达，游说政府授予新式产业或新发明

---

❶　苏峻. 公共科技政策导论［M］. 北京：科学出版社，2014：199.

以独占授权，以 1559 年意大利商人、工程师杰克布斯·阿肯（Jacobus Acontius）上书英国女王的请求信为例，信中强调发明人的艰辛与投入，以及发明对于社会进步的推动作用，所用"辛苦努力若无保障，将一贫如洗、无有回报"等措辞最终说服女王，获得了专利授权。❶ 商人的游说与政府的重商主义相结合，经由"发展新式制造业"的话语表达，授权商人进行独占经营的做法获得了某种正当性。这一时期的专利保护采取王室授予商人独占经营的公示令状的形式，王权与商人利益相结合，授予引进新式制造业的商人以独占权利，此种做法逐渐在英国盛行起来，并且与工业革命的火种一道在欧洲各国以及美国播撒开来。专利制度被认为能够促进符合市场化机制的知识生产与应用。对知识的占有观念成为知识产权权利界定的制度起点。❷

（二）专利制度的国际协调

由于专利客体的无形性和权利保护的地域性，主权国家无法单独解决因各国知识产权法律政策差异引发的国际性问题，从而需要协调多元利益并采取合作行动共同管理专利公共事务。19世纪 50 年代国际贸易交往的初期，为了消除专利地域保护所带来的冲突，许多国家开始采取签订包含知识产权互惠内容的双边协定，相互给予对方国民待遇和最惠国待遇，使本国国民能够从对外国人专利保护中获取有益回报。双边协定为专利保护的国际标准提供了一种协调模式。1883 年《保护工业产权巴黎公约》（简称《巴黎公约》）的签署，旨在促进智力成果的跨国

---

❶　FOX H G. Monopoly and patents，a study of the history and future of the patent monopoly [M]. Toronto：The University of Toronto Press，1947：27.

❷　苏峻. 公共科技政策导论 [M]. 北京：科学出版社，2014：200.

保护。之后，经由世界知识产权组织（WIPO）与世界贸易组织（WTO）的合作，WIPO 条约体系、TRIPS 协议以及双边与区域体制下的专利规范共同组成了全球专利制度体系的架构。

专利国际协调最初仅涉及国民待遇和最惠国待遇等基本原则，之后向较容易达成一致的程序性规定发展，逐渐涉及专利实体与形式性要件的内容。国际协调的目的，是缩小各国规定之间的差异，促进各国专利法对程序性、实体性以及形式要件的规范趋同，使专利申请制度的地域性弱化。国际协调的终极目标是为建立起"全球专利体系"奠定各方面基础。在全球专利体系下，将建立全球统一的专利申请机制，专利申请经过一次授权后可在世界范围内得到承认，无须重复向每一个国家提出专利申请，但这仅是现阶段发达国家的一个倡议，属于专利申请制度国际统一阶段所致力解决的问题，是全球化协调所关注的议题。现有国际专利制度体系是一个包含框架原则、实体标准、程序要求、行政合作以及国际申请和审查规则等多层次规则在内的结构完整、层次分明的制度体系。❶

国际协调逐步改变了各国对专利制度的认识，建立起国际专利申请体系，便利了跨国申请。TRIPS 协议的签署使知识产权成为多边贸易体系规则的重要组成部分，专利保护主题在全世界得到初步统一。2000 年《专利法合作条约》（PCT）首次将国际协调的内容渗透到国内专利法体系，在专利申请日、专利申请的格式和内容、与专利代理相关的项目、减轻申请人举证负担、期限

---

❶ 易继明，初萌. 全球专利格局下的中国专利战略［J］. 知识产权，2019（8）：38－56.

延长等方面加以协调和明确界定。世界知识产权组织（WIPO）框架下的专利协调，工作内容已由"形式统一"向"实体统一"过渡，具体包括：专利保护主题、现有技术以及授权实质性条件。总体上看，目前专利制度的国际协调力求在全球范围内构建起开放、规范和有序的合作前景，此举有利于在市场占有量、经济科技实力都占据绝对优势的发达国家。

经济全球化、一体化是一把"双刃剑"，国际合作与竞争如影随形。无论是发达国家还是发展中国家，专利制度的国际协调都会对之产生一定的利弊影响。对于发达国家而言，专利国际协调有助于技术市场的全球化扩张，能够拓展本国政策空间，PCT以及专利审查高速路（Patent Prosecution Highway，PPH）能够缓解专利审查负荷及重复劳动，总体影响利大于弊。对于发展中国家而言，专利国际协调有助于构建、完善本国专利保护体系，有机会就生物遗传资源、传统知识、民间文艺等领域的保护提出相应的协调主题，但也面临高昂的制度成本、政策空间缩小等难题。

通过长期以来的国际协调，专利制度一步步成为各国共同遵循的基本法律制度和国际贸易的通行准则，专利制度的国际协调也导致制度风险的全球传播和衍生。

三、新技术革命背景下的专利制度危机

专利制度自诞生以来即面临各种质疑和危机。19 世纪 60 年代，《英国垄断法案》施行后的这些年间，对专利制度持不同意见的商人发起声势浩大的废除专利运动，时至今日，激烈批评专利制度和专利局的各种声音依然不绝于耳。进入 21 世纪，以人

工智能和生命科学为代表的新技术革命对专利制度的多个维度，包括制度功能、制度负载以及制度构成等提出了严峻挑战，"制度赤字"与"规则滞后"问题凸显。

在制度功能方面，21 世纪数字化的世界中，创造不再匮乏，智力产品充裕且充满替代产品，使得传统知识产权保护的逻辑原点可能面临修正的必要。❶ 除此之外，面对新技术革命，专利制度的透明度原则、激励创新功能、风险防控功能和利益平衡机制均有必要调整、重构和更替。透明度原则是知识产权制度赖以建立的根本原则。❷ 专利的公开与现代社会要求的信息公开密切关联，公开与垄断是专利制度的基本特征。公开既是权利界限范围的确定，也是获取垄断保护的对价。激励创新是传统观念中专利制度的基本功能。专利制度的合法性立基于创新激励的制度功能，新技术发展对此也提出了新的议题。专利制度专利系统被认为有失去控制的危险。❸ 以大数据为例，亟须对数据信息的开放、采集、存管、交易、传输和二次利用过程中的相关责权利作出明确界定，涉及现有的专利保护安排如何为大数据保护提供适当的激励措施，如何规制数据的收集与使用等。新技术的发展还对专利制度的风险控制功能提出了新的要求。例如人工智能在造福人类社会的同时，本身可能存在巨大的社会风险。它或是"技术—经济"决策导致的风险，也可能是法律保护的

---

❶ 何鹏. 知识产权立法的法理解释——从功利主义到实用主义 [J]. 法制与社会发展，2019 (4)：21 – 34.

❷ WIPO. 弗朗西斯·高锐谈知识产权的未来：机遇与挑战 [J]. WIPO 杂志，2017 (9).

❸ 亚当·杰夫，乔希·勒纳. 创新及其不满：专利体系对创新与进步的危害及对策 [M]. 罗建平，兰花，译. 北京：中国人民大学出版社，2007：3.

科技文明本身带来的风险，❶ 需要专利制度建立相应的风险预防、控制与应对机制。新技术革命也对现行专利制度的利益平衡机制提出了挑战：如何确保尽可能多的国家从技术进步中获益？如何通过专利保护合理分配技术利益？如何避免各国技术能力差距的进一步扩大？

在制度负载方面，新技术引发的冲击同样需要审慎关注，包括科学技术与创新范式迭代发展对专利审查数量、审查时限、审查标准、案件审理的挑战；专利保护客体范围的调整；"分段式"技术知识产权保护与创新产品市场应用之间的矛盾等。❷ 以中国为例，2011 年以来专利申请数量暴涨，引发专利审查负担过重、难以确保审查质量等棘手问题。

在制度构造方面，新技术革命也提出了诸多挑战。首先，既有的知识产权全球保护秩序以知识产权保护的全球化、一体化和最大化为宗旨，对新技术的及时回应并非秩序重心，需要对现有制度范式进行革新。其次，新技术革命带来的挑战是全方位和跨学科的，涉及伦理、隐私、安全等多个维度，WIPO 和 WTO 现有的架构以及资源均不足以全面应对和处理。再次，目前针对新技术革命的政策制定仍然是以民族国家为界的，双边、区域、多边体制下的政策讨论往往各执己见，困难重重。最后，按照技术自主论的观点，现代技术发展有其内在的逻辑和规律，并影响、支配着观念和社会形态。现代社会已变成了一个"技术的社

---

❶ 吴汉东. 人工智能时代的制度安排与法律规制［J］. 法律科学（西北政法大学学报），2017，35（5）：128 - 136.

❷ 尹锋林，肖尤丹. 以人工智能为基础的新科技革命对知识产权制度的挑战与机遇［J］. 科学与社会，2018，8（4）：23 - 33.

会"，"在这个社会中，一切都出自技术，为技术而存在，任何东西也都是技术"。● 因此，专利国际架构的形态及其治理也不可避免地越来越受到技术的主宰。

总之，在新技术革命的挑战下，专利制度的内涵与边界需要突破原有范式，将重心更多地置于如何有效应对迅猛发展且可能触及秩序根基的各种挑战因素，以及新的平衡关系的建立，以此防控、化解技术发展带来的不确定性和风险。

第三节　风险社会理论范式下专利制度的改良

长期以来，科学—技术范式是风险研究和理解的主导范式，但专利制度与风险之间的关联并未得到应有的重视。风险社会理论为专利制度的改良提供了新的视角和指引。

一、专利制度创设：风险分配的政策抉择

风险与制度存在本体论关联，人类社会制度建构、流变的历史就是一部规避、防控风险的历史，"安全"始终是人类有制度设计以来首选的基本价值。● 以专利制度的创设为代表，知识产权制度发展路径的选择，也是基于风险的法律安排和政策抉择。●

● 许良. 恩格斯现代性批判思想研究［M］. 上海：上海财经大学出版社，2017：147.

● 李学尧，徐显明. 高科技、全球化与制度风险：风险社会中的法律变迁——徐显明教授访谈录［J］. 交大法学，2011，2（1）：1－8.

● 吴汉东. 知识产权的制度风险与法律控制［J］. 法学研究，2012（4）：61－73.

风险的核心基质是不确定性。专利法的基本经济学解释来自创造者没有在市场经济中获取足够的利润以抵偿其成本的风险。技术创新活动内在地包含着不确定性和偶然性，创新产品则具有市场有用性和非排他使用的经济性，由此带来了技术创新的高风险性。不加任何干预的市场机制下，技术研发收益存在较大的不确定性，面临"搭便车"行为引发的首发劣势风险，甚或形成"公地悲剧"。建立合理的机制阻止"搭便车"、抑制技术投资风险和逆向选择行为成为解决问题的关键所在，国家干预模式和混合模式是两种通行做法。国家干预模式下，以政府补贴提供的创新奖励基金为介质，在国家与发明人之间建立起奖励、资助或补偿关系，获得奖励或补偿的条件以及金额由政府决定。苏联、部分东欧国家以及中国曾经实行过的发明人证书制度即属于典型的国家干预模式。混合模式是国家干预与市场机制的结合，十六七世纪肇始于英国的现代专利制度就是典型的混合模式。混合模式下，政府授予符合条件的发明人以技术垄断资格，以技术独占权为介质，通过智力成果的私有财产权法律保护，发明人经由市场机制将私权商品化，从而利用政府授予的独占资格获取经济收益。对发明人而言，国家干预模式与混合模式均能转移技术投资风险，不同的是，国家干预模式下风险由政府买单。混合模式下，通过在特定技术客体的利用行为上架构排他利益空间，规制"搭便车"行为，将风险分散到市场机制中。

作为国家干预与市场机制的结合，现代专利制度本质上是一种风险分配制度，经由法律对发明创造私权的创设，通过对反垄断的古典背离，以及知识外部性的内部化，将市场机制下发明人可能面临的首发劣势风险，以及国家干预模式下政府需要负担的补贴成本进行转接，分散到市场机制中。对政府而言，只需要为发明人提供独占权，决定独占资格授予的条件并对专利性进行审查，发明创造真正的经济价值则交由市场来判定，减轻了财政负担，也能在较大程度上避免国家干预模式下常常发生的权力寻租以及市场资源配置的扭曲，并且税收补贴等直接取代市场配置方式的行政手段往往难以应付复杂多变的科技创新形式。对发明人而言，法定的独占权使其能够对抗"搭便车"的竞争者，规避知识外部性导致的技术投资风险和技术交易过程中泄密的风险；并通过市场化运作收回成本，获取利益。对社会公众而言，经由专利信息的公开，降低了重复研发的风险。总之，现代专利制度在一定程度上消减了技术创新的不确定性，提供了规范、调整创新关系，引导、约束权利人和社会公众行为的基本制度公共产品，为技术创新获得回报提供制度预期，以拟制所有权的方式，在特定期限内赋予特定人对技术信息的垄断实施权利，在赋权的同时，对社会公众设定了负担。因此，作为一种人类制度文明，专利制度的初创着眼于通过风险的规避与分配实现创新收益配置。经由专利制度此种专家系统之官方认证调控的脱域机制，将创新不确定性的风险转接、分散到市场机制中，将发明人创新回报（首发劣势）的风险转换为"搭便车"者的侵权风险，以此鼓励创新（见表2-1）。

表 2 - 1　市场模式、国家干预模式以及混合模式下
技术创新收益与风险的分配

收益与风险的分配	市场模式		国家干预模式		混合模式	
	收益	风险	收益	风险	收益	风险
政府	不确定	市场失灵	创新激励	技术无市场价值	创新激励	信息不对称
发明人	不确定	首发劣势	创新收益	无	技术垄断权	不能完全避免外部性
公众	"搭便车"	无	使用创新技术	无	专利信息公开	技术利用成本高、侵权风险
社会	技术利用成本低	重复开发、公地悲剧	创新激励	技术无市场价值	创新激励	无谓损失、反公地悲剧

二、专利制度改良：风险社会理论的指引

风险社会理论认为，经典的工业社会受"财富生产的逻辑"支配，发达现代性的当代社会则为"风险生产的逻辑"所统治。风险景观和意识加剧了公众的焦虑感与不安全感，安全保障思路支配着公共政策的制定和走向，引发包括专利制度在内的社会整合机制的因应。专利制度是基于风险分配的政策抉择，风险逻辑能够为专利制度改良提供独到、必要的理论指引。

（一）专利制度研究的危机、伦理与风险视角

专利制度风险是与现代性相伴生的，由于专利制度决策以及

专利保护客体之现代化力量所引发的不确定性及其消极后果，以及对这种不确定性与消极后果的判断与认知。专利制度以化解知识外部性，激励创新、保护技术为主旨，是用于控制首发劣势风险的制度设计，却也可能成为新的不确定性的风险来源。治理在很大程度上面临着如何衡平经济、社会及制度的现代化与现代性风险防范之间关系的问题。

专利制度有着内在固有缺陷，包括对反垄断的背离，无谓损失，确权、维持与实施的高昂成本等，制度演化发展进程始终伴随着争议和质疑。学界针对专利制度的弊端展开了持续、深入的研究，现有主题主要包括"专利制度危机"以及"专利制度伦理"两个方面。专利制度危机的相关研究主要基于创新视角，涵盖制度失灵、制度异化等问题，聚焦于专利制度体系的创新激励悖论。代表性文献包括亚当·杰夫与乔希·勒纳（2007）❶、丹·L. 伯克与马克·A. 莱姆利（2013）❷、韩兴（2016）❸、梁志文（2011）❹、和育东（2013）❺ 等。专利制度伦理的相关研究是从专利法的技术性规范属性引发的专利保护的人权困境出发，关注专利制度的伦理正当性。代表性文献包括弗兰克·沃什科（2006）❻、

---

❶ 亚当·杰夫，乔希·勒纳. 创新及其不满：专利体系对创新与进步的危害及对策 [M]. 罗建平，兰花，译. 北京：中国人民大学出版社，2007：扉页.

❷ 丹·L. 伯克，马克·A. 莱姆利. 专利危机与应对之道 [M]. 马宁，余俊，译. 北京：中国政法大学出版社，2013：104.

❸ 韩兴. 专利制度危机背景下的技术正义原则研究 [J]. 知识产权，2016 (11)：71 - 76.

❹ 梁志文. 论专利危机及其解决路径 [J]. 政法论丛，2011 (3)：69 - 77.

❺ 和育东. 专利契约论 [J]. 社会科学辑刊，2013 (2)：48 - 53.

❻ WASHKO F M. Should ethics play a special role in patent law [J]. Georgetown Journal of Legal Ethics，2006，19 (3)：1027 - 1039.

胡波（2011）❶、埃伦－玛丽·福斯伯格等（2018）❷、刘鑫（2020）❸ 等。针对专利制度危机以及专利制度伦理问题，现有研究从改革现有制度与探索替代性、补充性制度❹，建立专利伦理评价机制❺等方面提出了制度改良建议。

风险图式下对专利制度的研究分析，不局限于创新视域下对专利制度弊端的枚举和专利制度异化的罗列，也有别于单纯的伦理准则分析和道德规范评价，是从现代性的角度与风险的视角，剖析专利制度风险分配的根基和信仰，以期发展出自我批评，解决难题的制度优化建议。专利制度风险的研究需要对现有专利理论进行突破，在概念、内涵、理论方法与应用等多个方面进行建设。

专利制度危机的相关研究是基于经济或者伦理视角，从制度弊端、制度异化等角度阐发的专利制度体系的合法性与正当性危机。专利制度伦理的相关研究则是从伦理视角分析专利制度安排与实施的伦理偏差及道德背离，旨在化解新技术带来的专利伦理争议，实现制度运行的伦理正义，确保专利保护技术的伦理契合性。与本文所讨论的"专利制度风险"相比，"制度危机"、"制度伦理"以及"制度风险"研究之间存在一定的关联性，例如部分现象重叠，如"危机"与"风险"研究均涉及法律上的不

---

❶　胡波．专利法的伦理基础［M］．武汉：华中科技大学出版社，2011．

❷　FORSBERG E M, et al. Patent ethics：the misalignment of views between the patent system and the wider society ［J］．Science and Engineering Ethics，2018，24（5）：1551 –1576.

❸　刘鑫．论专利伦理［J］．自然辩证法研究，2020，36（12）：60 –65．

❹　王太平．知识产权制度的未来［J］．法学研究，2011，33（3）：82 –93．

❺　刘鑫．"科技向善"倡议下专利伦理评价机制研究［J］．中国科技论坛，2021（6）：46 –53．

确定性，"危机"与"伦理"研究均关注制度正义问题。再如，安全与秩序既是专利伦理评价的衡量指标，❶ 也是风险图式下专利制度改良的价值指引。表 2 - 2 是专利制度危机、伦理与风险研究的要点比较。

表 2 - 2　专利制度危机、伦理与风险研究的要点

要点	研究视角	研究起点	研究内容	关注点	相关理论
专利制度危机	经济视角、伦理视角	创新激励需求	专利制度的弊端、异化	制度的合法性与正当性	成本收益理论
专利制度伦理	伦理视角	人在社会中生存与发展的需求	专利制度运行的伦理正义	制度安排与实施的伦理偏差及道德背离	正当性理论
专利制度风险	现代性角度	风险分配与防控需求	专利制度化风险与技术性风险	不确定性与不可估量性	风险社会理论

不过，尽管存在一定的关联，但"专利制度风险"与"专利制度危机"、"专利制度伦理"研究仍有着显著区别：其一，风险图式下的专利制度研究基于风险社会理论，从现代性的角度对制度加以分析、阐发，而非成本效益的经济视角抑或公平正义的伦理视角下，对制度不足与弊端的追踪。其二，风险具有支配性，风险的存在是超越效率、公平等价值追求，主导、支配专利制度变革的决定性因素。如果说"伦理"研究相对于"危机"

---

❶　刘鑫. 论专利伦理 [J]. 自然辩证法研究，2020，36（12）：60 - 65.

研究具有更为丰富的德性要素，那么风险图式下的专利制度研究考量专利制度的发展规律和技术社会演进的现实需求，对专利制度的自身品格与价值理念提出了更深层次的考问。其三，危机意指实在的客观风险，而风险社会视角下的专利制度风险既是实在的，也是建构的，是一种反思现代性的对制度风险的认知和意识，是遍在性、全球化、整体性的风险，不是单个或组合的制度弊端。

（二）风险社会理论对专利制度改良的指引

风险社会理论深刻极致了现代性的内在悖论：现代性本身强调对不确定性的理性控制，而理性化的发展反而滋生与促成了更多的不确定性，甚至旨在预防不确定性的技术与知识本身便是制造风险的来源。专利法是社会风险控制机制的重要组成部分。面对各种新技术危机形态下"文明的火山"❶，专利治理在很大程度上面临着如何回应风险社会治理需求，如何衡平技术的现代化与现代性风险防范之间的关系等问题。作为一个社会学体系概念，风险认知蕴含丰富全面的价值内容与责任担当，推崇开放的方式和包容的价值，为专利保护法治目标和制度功能的思考提供了方向和理论指引。

风险社会理论对专利制度的保护对象——技术所带来的社会、文化、政治以及经济意涵提供一种语境化的理解；将风险经验融合进技术的法律治理，为专利制度演进提供了一种在地的想象。风险社会理论所揭示的现实问题，挑战既有的专利制

---

❶ 乌尔里希·贝克. 风险社会：新的现代性之路 [M]. 张文杰，何博闻，译. 南京：译林出版社，2018：1.

度编码和功能预设，构成专利理论研究必须关注的前提和语境，引起专利法价值取向的变化，从本体、对象以及价值层面对专利制度的改良提供指引。

其一，风险原则提示专利制度变革的新理念。风险原则在专利法中的引入，有助于专利制度创新激励的单一价值取向的限缩和持续公法化的抑制。风险图式能够勾勒一种改良的专利制度理想图景，促进专利制度价值的多元化思考，并防止失当的公法化所形成的国家对市场经济的不当干涉。其二，风险的建构性锻造对专利制度的反思。风险是实在的，更是建构的。在专利领域，对风险社会风险的感知能够锻造对制度的反思、审视与检讨。各国专利制度体系的转化，如绿色专利制度、生态专利制度等理念的兴起，对专利制度与人权保护等问题的争论，均与风险的建构性有着内在的关联。

风险社会理论对专利制度的改良发挥着不可或缺的路径指引功能，与此同时，风险社会理论与专利制度实践之间有着双向阐释的互动关系。其一，专利制度存在"分配风险的同时带来新的风险"的法治悖论，专利制度是风险社会风险的来源以及结果，专利制度风险是对风险社会理论的印证与诠释。其二，专利制度是风险社会理论研究的适当样本。"人为的不确定性"是风险社会理论中风险概念的关键词，是现代风险区别于传统风险的特质。为规避风险而创制的专利制度本身及其所规制的技术与发明都属于"人为的不确定性"范畴，从而成为风险社会理论研究的实证样本。

第三章

专利制度风险机理及其景观

风险具有建构性，是客观存在与主观认知的结合体，只有被具象化并转换为具体运用领域的安全问题，才能更好地被认知。长期以来，对专利制度的研讨主要集中于创新视域，基于风险视角对制度进行系统概览或全面解读的成果尚未呈现，风险防控也未纳入专利制度核心价值的讨论范围之内。风险理念需要进入专利制度研究的话语体系和分析框架。关注专利制度风险，解读风险机理与风险景观，思考风险控制的策略与措施，不仅必要，而且迫切。本章通过对专利制度风险进行类型化总结，研讨风险机理、观察风险景观，全面识别专利制度风险，夯实风险源头治理、减少风险治理盲区的理论基础。

第一节　专利制度化风险机理及其景观

风险与制度具有本体论关联。一方面现代社会风险依赖、存在于人的决定，即具有人为性。社会层面的不确定性与人的活动方式和行为动机密切联系，也与人们相互之间的社会交易紧密相关，人们通过制度设计引导行为选择，限制行动空间，并对社会交易过程中的投机行为或随机因素予以约束，以此降低社会的不确定程度，提供稳定秩序。另一方面风险的控制需要通过创设各种社会制度来达成，经由社会风险控制制度来防控制度化风险。正是在此种双重意义上，当代社会的风险就是一种社会性、人为性的风险。

无论是冒险取向还是安全取向的制度，都可能蕴含着运转失灵或者由于相对无知所导致的决策失误的风险。制造新知识的科学系统既无法自我控制，也不能确知后果。将科学知识用于商业的经济系统，常常只关注其经济效益的边界。专利制度调整因技术信息的控制、使用、转让所发生的社会关系，涉及技术信息衍生利益的归属与分配，具有现代治理制度的抽象性特征。对社会系统的复杂性和偶然性的高度的抽象综合，会引发制度化风险。专利制度以财产权逻辑为主导分配无形资产财富与风险，其理论预设秉持功利价值导向，在试图限制技术创新不确定性的同时，也建构了自我参照的问题情景。

一、专利制度化风险机理

尼克拉斯·卢曼（Niklas Luhmann）认为，"根本不存在无风险的决策，只要人们做出决策，风险便无法避免"。[1] 专利制度化风险既有基于专利制度禀赋与权利特质，即制度理念层面的财产权逻辑与实用工具主义理念以及权利特质层面专利权自身的

---

[1] LUHMANN N. Risk: a sociological theory [M]. Translated by Rhodes Barrett. New Brunswick (USA): Aldine Transaction, 2005: 28 – 31.

不确定性所引发的结构性风险；也有其作为现代治理机制所共有的、制度实施层面的官僚体制之弊❶以及制度规则层面的全球普适规范所导致的类型化风险。

制度理念层面，专利制度秉持财产权逻辑与实用工具主义理念。专利制度建立之初，洛克劳动学说被嫁接至智力劳动领域，财产权的价值立场和制度安排由此移植于专利保护之上，并为各国立法所认可。与其他权利和利益相比，财产权被认为是一种自然权利和基础权利，有着更高的优先权地位。财产权逻辑支配下的专利制度宗旨本质上是功利主义的，以国家强制力为后盾，由作为中间人的专利审查部门裁定权利人、竞争者以及社会公众之间各自的行动空间和利益归属，建立了制度化的控制他人自由利用知识产品的垄断权利，是一种为了确保有更多的知识和创新可以扩散而减缓知识和创新扩散的制度。❷ "财产是一种主权机制。当这种主权机制与抽象物联系在一起时，一个社会制度中的威胁权力就不同寻常地增强了。"❸ "成也萧何，败也萧何"，财产权理论基础的接入为专利制度从封建特许制度转向私人权利制度提供了最佳包装，促成了资本与技术的同盟化，包括技术的资本化、资本的技术化以及资本技术的产业化❹，为其后此种权利模

---

❶ 何哲讨论了官僚体制的负面性，包括狭隘的专业视角和部门利益、帕金森定律的规模膨胀和低效率、集体非理性的群体决策、政策执行中的行动扭曲、行政行为中的合谋与对抗等。作为官僚体制构成的专利管理机构同样具有上述负面性。参见：何哲. 官僚体制的悖论、机制及应对 [J]. 公共管理与政策评论，2021，10（4）：113－126.

❷ MUZAKA V. Linkages, contests and overlaps in the global intellectual property rights regime [J]. European Journal of International Relations, 2010, 17 (4): 755－766.

❸ 彼得·德霍斯. 知识财产法哲学 [M]. 周林，译. 北京：商务印书馆，2008：175.

❹ 严静峰. 资本技术的统治及其规制 [J]. 哲学研究，2023 (3)：26－36.

式受到频繁挑战留下了命门。❶

权利特质层面，专利权是一种效力不安定、边界不确定的权利。就权利效力而言，一方面，专利权建立在形而上学的法律组织技巧上，❷ 为了获得法定产权的前瞻性和稳定性，技术的可保护性被提炼为"新颖性""创造性""实用性"等高度形式化的抽象命题，缺乏赖以观察和度量的确切性，即使经过专利审查的官方认证，也无法完全确保"专利三性"的真实有效，授权后也可能被宣告无效。2001—2010 年我国结案的专利无效申请案中，发明专利被宣告全部无效或部分无效的占 47.04%，实用新型占 46.37%，均接近一半。❸ 另一方面，智力成果的无形性决定了其难以占有，侵权成本低，维权成本高，且维持权利的年费逐年上涨。当成本超过收益时，权利人有可能放弃权利将其置于公共领域。基于专利权的效力状态存在固有的不安定性，各国专利法仅将专利授权结论作为权利有效的表面证据，而非最终效力。❹ 就权利边界而言，权利边界的界定方式、权利边界的变动性都决定了专利权的模糊性。专利的申请、审查以及授权过程需要借助语言将无形的技术方案有形化，将"抽象物"转变为可以观察和核实的"纸上所有权"，上述环节均伴随着人的主观因素的深度介入，界定过程中涉及多次认知以及表达的转化。认知具有主观性，语言具有模糊性，实际上难以构筑权利"四至"

---

❶ 苏峻. 公共科技政策导论 [M]. 北京：科学出版社，2014：200.

❷ 谢晓尧. "倾听权利的声音"：知识产权侵权警告的制度机理 [J]. 知识产权，2017（12）：30–42.

❸ 董涛，贺慧. 中国专利质量报告——实用新型与外观设计专利制度实施情况研究 [J]. 科技与法律，2015（2）：220–305.

❹ 梁志文. 专利授权行为的法律性质 [J]. 行政法学研究，2009（2）：33–36.

的清晰藩篱，周边限定主义、中心限定主义等解释方法则因案而异，常常陷于解释循环的漩涡之中。❶ 此外，权利用尽、在先使用、临时过境交通工具上的使用、科学研究与实验性使用、BOLAR 例外等法律所预留的接合私人产权与公共领域之间的过渡地带对专利私权进行了限制，上述过渡地带根据法律与政策进行设定，其具体适用因案而异，也使得专利权利的边界存在变动性，保护范围存在不确定性。

制度实施层面，专利私权的确认、行使和保护始终渗透着国家干预的内容。国家作为一种官僚体制，有着天然的行政化、功利化倾向，依据詹姆斯·M. 布坎南（James M. Buchanan）的公共选择理论，政府以及政府官员在社会管理和市场交易过程中同样具有"理性经济人"特征，有着自身的经济及其他相关利益诉求。专利局也会希望通过专利审查来提高自身部门政绩，或者因为其他原因被专利申请人所俘获。❷ 以近年来中国专利政策为例，从大规模提供专利申请补贴（对创新资源配置发出错误信号，可引发"专利泡沫"）到全面取消专利财政性资助并严厉打击非正常专利申请（可能误伤真实创新），这一大反转可视为与时俱进的政策更迭，但未尝不能归结为行政管理部门在不同阶段片面追求政绩的维护自身利益的结果。"20 世纪被证明是专利官僚制度创新的世纪，也是专利所有人运用专利策略对市场进行监管的世纪。现代专利制度代表了一种非常规的权力与支配地位的

---

❶ 谢晓尧. "倾听权利的声音"：知识产权侵权警告的制度机理 [J]. 知识产权，2017（12）：30–42.

❷ 彭飞荣，陶金宏. 风险社会背景下我国公众参与专利审查制度之探究 [J]. 知识产权，2013（6）：75–79.

集中，承载着科学－政治机构对技术的控制权，专利制度支持系统与国家和创新体系缠绕交织，大企业、专利律师和专利管理机构的合作网络形成了对这一制度的内部治理，产生资本、知识与政治的联姻。"❶

制度规则层面，现代专利制度普遍适用于全球不同国家的所有行业（one size fits all）。为了达至分配风险、激励创新的目标，专利制度创建了一套普适的法律规则以规制各种各样的技术并全方位适用于处于全球产业价值链不同分工位置的国家。然而，技术领域千差万别并非整齐划一，丰富的实证研究表明，行业创新存在深度结构性差异。❷ 不同行业在发展速度及研发成本上，在技术可被模仿的难易程度，在累积或相互配合的创新而非独自发展的必要性，以及在专利覆盖整个产品还是仅是产品组件的程度等方面存在显著差异，专利激励下创新外溢效应的程度因不同行业也各有不同。用一套整体划一、万能尺码的法律制度对所有技术加以规制，并适用于情况千差万别的行业，其可能带来的弊端和风险显而易见。对于不同的国家而言，其所处发展阶段不同，技术禀赋不同，固定划一的刚性保护侵蚀了其根据自身发展阶段的异质性选择适宜政策的主权，会造成全球财富以及风险分配的不公正。

---

❶ DRAHOS P. Patent reform for innovation and risk management: a separation of powers approach [J]. Michigan Telecommunications and Technology Law Review, 2007, 3 (8): 1－11.

❷ HARHOFF D. R&D spillovers. technological proximity, and productivity growth － evidence from German panel data [J]. Schmalenbach Business Review, 2000 (52): 238－260.

二、专利制度化风险景观

财产权逻辑的制度理念、效力不安定以及边界不确定的权利特质、权利实施过程中的国家干预（官僚行政体制）、刚性制度规则的普遍性适用等风险因素，衍生了专利制度在功能、法律、技术、社会、全球以及国际层面的风险景观。

（一）功能层面的制度异化

马克思在一系列著作中建构了完整的异化理论，概括了异化的内涵：主体在一定的发展阶段就会派生、分离出新的东西，作为独立于主体自身的异己力量，同主体对立，甚至反过来统治主体的一种社会现象。"我们本身的产物聚合为一种统治我们、不受我们控制、使我们的愿望不能实现并使我们的打算落空的物质力量。"❶ "异化"概念要表达的是一个带有批判性质的价值概念，反映"应当是什么"的对事实批判的态度。❷ 专利制度功能层面的异化，是指专利制度创设时设计的风险分配体系发生了变化，社会价值与社会风险不均衡配置，现代科技形成的"工具主义理性"，通过专利制度的合法化以及合理性手段，裹挟个人主义思潮，将私人观念或者个体利益扩张到极致，乃至通过技术理性形成新的统治。❸

作为一种技术研发风险分配的政策抉择，伴随着经济全球化

---

❶ 马克思，恩格斯. 马克思恩格斯全集：第3卷［M］. 北京：人民出版社，2000：274.

❷ 杜爱霞. 马克思主义理论对专利制度改革的启示［J］. 河南社会科学，2021，29（4）：102－108.

❸ 易继明. 技术理性、社会发展与自由——科技法学导论［M］. 北京：北京大学出版社，2005：33－74.

的浪潮，专利制度已经成为国际社会最重要的竞争工具之一，各种利益集团不断游说包围及各国政府施压、经济技术发展和社会生产方式的变化，在政治层面直接影响了主导性的政策基调，权利不断扩张，在合法垄断的背后是不同主体之间的利益失衡。原来的秩序结构出现某种程度的"解组"，在形式公平之中掩盖着实质上的不公平，现存制度的权威性受到削减或破坏，制度扭曲，甚至引发对其正当性的普遍质疑。大型企业在专利转移和交易过程中熟练运用专利策略，滥用专利权肆意掠夺超过正当收益的高额利润。原来以促进发展工商业为目的的专利制度已经异化为发达国家跨国公司在与发展中国家中小公司的不平等竞争中谋求经济利益最大化的工具。专利制度异化下的制度扭曲造就了知识垄断资本主义。

（二）法律层面的权利扩张

"知识产权隐含着知识强权。"❶ 权利的扩张与膨胀是典型的专利制度化风险景观。一方面，知识产权由于其保护对象的无形性，权利边界不明，权利扩张具有天然的便利性。智力成果不占据明确的物理空间，基于其上的权利设定是一种语言操纵的"游戏"：借助语言的编码技巧，技术特征、语词细胞构成了权利的"界石"。字词输出及其组合方式具有无限可能，权利难以杜绝没有节制的生成。❷ 而有形财产被视为对物的绝对支配权，权利设定得依有体物或者无体物的物理特征，不会超越其性能无限扩

---

❶ 易继明. 技术理性、社会发展与自由——科技法学导论 [M]. 北京：北京大学出版社，2005：114.

❷ 谢晓尧，吴楚敏. 转换的范式：反思知识产权理论 [J]. 知识产权，2016（7）：3 - 24.

大，田村善之称为"物理性刹车器"。知识产权不具有类似的物理性刹车器，存在天然的膨胀趋势。❶

另一方面，"财产权劳动理论会产生扩大知识产权保护范围的危险"❷。财产权逻辑的接入，为主张专利私权的存在和权利的扩张提供了正当性解释，专利已然成为知识经济时代的通用货币。在"因为智力成果，所以拥有财产权"的思维方式下，权利人往往只关心产权的取得、扩张和战略布局。❸ 以中国专利制度为例，专利保护期限延长（例如药品专利保护期限补偿制度），保护对象增加（例如对商业方法授予专利），保护标准放宽（例如《专利法》第四次修正新增不丧失新颖性的例外情形），处罚更加严厉（提高法定赔偿数额、设定惩罚性赔偿），权利通过制度规则的变更以各种方式扩张和膨胀。

财产权逻辑下，司法裁判和学界研究都倾向于适用有形财产法的法律和分析范式，以阐释、修改知识产权规则或证明其合理性，越来越多的学者主张智力成果以及信息是传统意义上的财产。❹ 法律的基本假设是知识产权权利人有权获得发明的全部社会价值。知识产权不像物权那样，是对短缺导致的资源配置扭曲

---

❶ 田村善之. 田村善之论知识产权 [M]. 李扬，等译. 北京：中国人民大学出版社，2013：28 - 49，94.

❷ 李扬. 知识产权法定主义及其适用——兼与梁慧星、易继明教授商榷 [J]. 法学研究，2006 (2)：3 - 16.

❸ 邵则宪. 昭隆传统之大美：中国文化如何成为全球治理的建构者 [M]. 北京：清华大学出版社，2019：23.

❹ 例如，著名学者刘春田教授将知识产权解释为第一财产权利。刘春田认为，目前民法学界的投入力量中，偏重对人格权制度、民事主体制度和财产制度问题的思考，欠缺对由技术进步所带来的财产领域的革命性变革的新现象、新问题的关注、探索与研究。具体内容参见：刘春田. 知识产权作为第一财产权利是民法学上的一个发现 [J]. 知识产权，2015 (10)：3 - 9.

的反应。相反，它下意识地创造一类物品的稀缺，以便在通常不存在这种稀缺的情况下人为地促进对创新的经济回报。❶

财产权逻辑主导下智力成果私权扩张带来前所未有的投机空间，有学者认为，知识产权与其说是"知识的产权保护"，毋宁说是"知识产业化的全流程保护"，价值利益无处不在，各个层面都要利益均沾，权利的扩张态势难以避免。❷ 专利竞赛、专利与标准的结合等策略性行为、权利滥用（恶意诉讼、捆绑销售）、专利蟑螂等有组织的不负责任行为，与权利扩张互相促进、互为因果，不合理地削减了公共领域空间，造成显著的群体性压制现象。专利保护异化为攫取垄断地位的工具，进而衍生出以技术片面独占为表现形式的"反公地"悲剧和以大量专利层叠为表现形式的"专利丛林"困境。❸ 如罗伯特·诺齐克（Robert Nozick）所言，洛克试图在充沛的公有资源和强势的私人财产权之间寻找妥协点，他的财产权理论却在事实上吞噬着公有资源。❹ "知识财产权对抽象物的财产权已经达到风险程度"。❺

（三）技术层面的创新约束

专利制度下资本与技术的同盟化以及专利权效力不安定的权利特质会影响技术创新方向，对后续创新产生掣肘，形成技术创

---

❶ Mark A. Lemley. 财产权、知识产权和搭便车 [J]. 杜颖，兰振国，译. 私法，2012，19（1）：123 – 162.

❷ 谢晓尧，吴楚敏. 转换的范式：反思知识产权理论 [J]. 知识产权，2016（7）：3 – 24.

❸ 刘鑫. 基因技术专利化的问题、争议与应对 [J]. 电子知识产权，2021（8）：4 – 17.

❹ 邵科. 知识产权公众阵营之后现代主义倾向 [J]. 政法论丛，2014（6）：11 – 18.

❺ 彼得·德霍斯. 知识财产法哲学 [M]. 周林，译. 北京：商务印书馆，2008：219.

新约束。

其一，不同技术领域的创新投入失衡。专利制度促进了资本与技术的同盟化，资本介入技术的研发过程，"资本总是按照剩余价值最大化的原则有条件地选择和开发技术，资本增殖需求驱动技术创新和社会变革"，❶ 技术的发展和应用被导入"逐利"轨道，功利性的导引和暗示进一步诱发技术向产业化的方向发展，并造成不同领域创新投入的失衡——刺激应用领域的过度投入，而基础技术领域则可能受到抑制而投入不足。

其二，研发资源过度配置以及研发重复。专利确权是"赢者通吃"的游戏，只奖励最早的申请者，因此，研发投资者具有抢先申请专利的冲动和倾向，考虑到竞争条件下，厂商为获得专利奖励再进行研发投资的风险偏好，以及由于研发保密导致的平行研发，符合厂商战略利益的研发水平会超出社会最优水平。竞争条件下，私人对风险的偏好高于社会最优水平，基于竞争的重复性研发也将超出必要的界限导致过度的研发重复。达斯古普塔（Dasgupta）和斯蒂格利茨（Stiglitz）认为，"竞争可能会导致研发投资超出社会最优水平"，该结论得到诸多经济学家的认同。❷显而易见，研发过度投资以及研发重复会对真正的创新形成掣肘和阻碍。

其三，对在后创新形成强排斥。与著作权只保护表达不同，专利权的保护范围实际上延伸到了技术思想领域——将他人在后的独立研发的自行实施也排除在外，因而具有更强的排他性。与

❶　严静峰. 资本技术的统治及其规制 [J]. 哲学研究，2023（3）：26-36.

❷　安佰生. 洛夏墨点：关于知识产权保护制度与竞争政策关系的争论 [J]. 经济理论与经济管理，2008（2）：29-34.

此同时，专利权效力的不稳定以及边界的不确定放大了专利权的强排他性，给在后创新带来巨大风险，会制约科技进步和知识创新的效率与速度。如美国联邦贸易委员会（FTC）2003 年一份报告中关于专利保护范围不确定性的阐述："实际上无法掌握专利权的保护范围，这好比有一颗原子弹悬于产品之上，随时都可能爆炸，使事业毁于一旦。"❶ "知识产权并非如同排放的黑烟或者闲逛的牛群，存在清晰的标识，侵权人甚至无法知道其独立研发的技术本身就有可能构成侵权。"❷ "创新就可能侵权"是集体理性无奈的选择。❸

（四）社会层面的制度成本

专利制度旨在通过创新成本以及风险的转接和分配以消减不确定性，激励技术创新，制度本身需要耗费大量成本。确权与维权、管理与运营等环节，公共支出以及私人开支数额巨大，一些经济学研究成果表明专利制度的巨大经济成本可能超出专利制度潜在的经济效益。❹ 还有观点认为，在美国，与专利制度相关的法律支出要大于从事研究本身的支出。❺

❶ 徐棣枫. 权利的不确定性与专利法制度创新初探 [J]. 政治与法律, 2011 (10): 123 - 136.

❷ MERGES R P. Of property rules, coase, and intellectual property [J]. Columbia Law Review, 1994, 94 (8): 2655 - 2673.

❸ 蒋舸. 著作权法与专利法中"惩罚性赔偿"之非惩罚性 [J]. 法学研究, 2015, 37 (6): 80 - 97.

❹ 林秀芹. 从法律经济学的角度看专利制度的利弊——兼谈我国《专利法》的修订 [J]. 电子知识产权, 2004 (11): 61.

❺ 迪恩·贝克, 阿尔琼·佳亚德福, 约瑟夫·斯蒂格利茨, 等. 创新、知识产权与发展: 面向 21 世纪的改良战略 [J]. 周建军, 施蒙, 译. 政治经济学季刊, 2019, 2 (1): 1 - 43.

除了建立、维护专利制度运转的社会成本以及专利权人获取、维持与实施专利的个体成本之外，还包括以下额外成本的加总：第一，静态低效率。专利保护通过给予创造者比在竞争环境下能获得的更多的报酬来激励创造，是对市场竞争法则的扭曲，由此产生无谓损失（因为竞争减少，消费者需要支付高于生产专利产品的边际成本的费用），形成静态的低效率。第二，动态低效率。专利控制对技术的改进创新以及新用途形成阻碍，此外，"免于竞争是麻醉剂，竞争对手是兴奋剂"，对权利人而言，专利垄断优势可能抑制其进一步创新的动机与行动。第三，鼓励寻租。"立法寻租已被证明是知识产权的大问题"❶，对专利垄断的追求会鼓励创造者通过各种游说寻求获得更多的权利；专利保护还会通过分散剩余社会价值的广告和营销努力的方式鼓励寻租。第四，产生扭曲。专利保护所导致的研发投资可能是一种降低社会总体经济福利的扭曲，因为其可以导致劳动退出其他形式的生产性服务，产生新产品以取代现有产品，然而不尽合理的产品更新换代可能造成社会整体资源浪费以及能源、环境压力。❷

（五）制度风险的全球衍生

风险社会是一个世界风险社会。❸ 风险异乎寻常的政治力量就在于其空间影响具有平等化效应，超越国家、阶层和文化的边界，将国际社会收缩为一个危险共同体。特定历史条件下工业资

❶ Mark A. Lemley. 财产权、知识产权和搭便车［J］. 杜颖，兰振国，译. 私法，2012，19（1）：123–162

❷ Mark A. Lemley. 财产权、知识产权和搭便车［J］. 杜颖，兰振国，译. 私法，2012，19（1）：123–162.

❸ 乌尔里希·贝克. 风险社会：新的现代性之路［M］. 张文杰，何博闻，译. 南京：译林出版社，2018：9.

本主义的世界扩张所导致的风险生产、分配逻辑的普遍性在专利领域也概莫能免。专利制度以法律保护方式对技术创新进行产权化认定，作为一种政策经验积累，其具有较高的范式融通性、规范普适性和规则可移植性。两个多世纪以来，发达国家持续推进专利保护的国际协调，滥觞于英国的现代专利制度被推广、移植到其他国家。专利制度的全球化与一体化使得技术垄断在全球经济中得到明确定义和执行，在普及制度文明的同时也导致专利制度风险的全球衍生——包括风险原因的全球化，以及风险结果的全球化。植根于专利财产权私权保护制度模式中的个体利益保护与公共利益维护之间的矛盾在现代化进程中日趋激烈，经由专利保护的趋同化成为超越国界的泛在。专利制度风险在空间层面的全球扩张进一步增加了风险的形式，加剧了风险的程度。

（六）国际层面的分配不公

现代化风险内在的全球化趋势引发全球化危害的同时，进一步制造了跨越民族国家管辖权结构的新的国际不平等，包括发展中国家和发达国家之间的不平等，以及发达国家内部的不平等，形成了多重的利益冲突和对抗。专利包装下的技术商品化成为剥削、社会不平等和贫富差距扩大的加速器。专利国际保护的权力结构和分配逻辑促成了生产要素与资源配置机制的双重转型，迭代了以往帝国依赖武力谋求权力和利益的传统模式，以技术等级取代殖民统治、战争征服及金融控制，对国际分工格局、国际交换体系以及全球财富分配的场景、规则、经验与预期产生革命性影响，造就了技术霸权国规锁发展中国家的不平等秩序。发达国家将专利权从技术财产权利转化为对全球经济的掌控权力，以"外围国家"对"中心国家"的技术依附为特征，专利的国际保护在事实上决定了国家在国际技术分工体系以及产业全球价值链上所处的位置，规定了国家发展进程的起点，约束着技术后发国家的政策空间，制造了国际层面技术财富与风险分配的严重不公。以禽流感治疗药物为例，专利国际保护这一创新支持系统带来的结果是，禽流感风险最大的国家拥有最小的药物储备，而风险最低的国家拥有最大的药物储备。❶

第二节　专利技术性风险机理及其景观

传统上，科技一直扮演着破除迷信的角色，然而科学实践的胜利又产生了新的迷信和禁忌。❷ 美国学者戴维·福特（David Ford）和迈克尔·萨思（Michael Saren）述及，当今世界每当遇到一个看起来无法克服的问题时，只要说"我们有技术"，人们就会重新确信所有的事情都会变得好起来。❸ 多数人的科学观常常止步于"相信科学"，但科学技术日新月异的现代化变革在带来巨大社会福利的同时，随之席卷而来一系列社会风险。

现代风险不同于前现代风险的特征之一是，其源自人类对科学技术的应用。科学技术不仅是一种物质性实践，也可视为一场

---

❶ DRAHOS P. Patent reform for innovation and risk management: a separation of powers approach [J]. Michigan Telecommunications and Technology Law Review, 2007, 3 (8): 1 –11.

❷ 王贵松. 风险社会与作为学习过程的法——读贝克的《风险社会》[J]. 交大法学, 2013 (4): 165 –175.

❸ 福特，萨恩. 技术管理与营销 [M]. 高邦，李艳丽，等译. 北京：中信出版社，2002: 4.

开拓性的社会伦理试验。现代科技的发展使人类交往实践日渐复杂，也使主体活动后果的深远性愈益凸显，迫使人们放弃技术价值中立论和盲目的技术乐观主义，认识到日益增长的惊人科技力量所担负的巨大责任。❶ 基辛格认为，正在扩展的新技术是一种"有可能将冲突推向人类无法控制或无法想象地步"的力量。❷ 一方面，技术在造福人类的同时也加大了人类危害自身的可能性和能力，即技术的负面性与风险的不确定性的联系。另一方面，传统社会治理体系无力解决工业社会过度发展而产生的社会问题，即法律的确定性与风险的不确定性的矛盾。人类正坐在现代科学技术的"文明火山口"上，生产力在现代化进程中的指数式增长，使风险和潜在自我威胁的释放达到了前所未有的程度。❸ 全球化下健康与安全决策的公共属性愈加明显，公众不安全感与焦虑感的加剧进一步强化了对技术的依赖。

作为保护技术最重要的法律手段、科技研发与应用的重要保障机制，专利制度以激励创新作为制度目标的终极追求，在促进技术的研发与转化方面发挥着推手以及急先锋的作用。专利制度有助于知识溢出导致的科技创新外部性的内化，在发挥其分配风险促进新技术研发的福利效用的同时，也在技术风险的生产与传播中存在不容忽视的影响和作用。技术自身固有的风险因为专利系统的加工以及专利保护的加持而引申与传递、扩散与放大、生成与弥散。

---

❶ 刘大椿，段伟文. 科技时代伦理问题的新向度 [J]. 新视野，2000（1）：34-38.

❷ 基辛格. 世界秩序 [M]. 胡利平，林华，曹爱菊，译. 北京：中信出版社，2015：序言.

❸ 乌尔里希·贝克. 风险社会：新的现代性之路 [M]. 张文杰，何博闻，译. 南京：译林出版社，2018：3.

一、专利技术性风险机理

专利制度对技术有着锻造作用。一方面，专利制度通过授权规则（"专利三性"考量结构化地嵌入科技研发过程）在科技研发、设计等"上游"，设计原则性、程序性的要求，从源头介入技术的产出；另一方面，专利制度对技术进行赋权，使其产业化、商品化、垄断化，影响其应用的轨道，对"下游"的科技使用行为进行规制。

专利制度的技术性风险的机理是：专利系统具有技术风险传导机制和生成机制，在专利审查系统局限性下，技术自身的负面性（指技术本身固有、暗藏的风险）被传导；技术经过专利系统加工（指技术经过法定审查程序获得专利授权后得到官方认证和法律加持的状态）后，生成新的风险。

其一，专利系统的技术风险传导机制。专利技术是专利化的技术，技术负面性引发的风险会被专利系统引申、传递和扩散。旨在预防不确定性的科学技术本身即是制造风险的来源，以核武器、生化物质等直接威胁人类生存和发展的"致毁知识"为代表，技术巨大的社会改造能力完全可能转化为风险毁灭力量，人们已逐步认识到日益增长的惊人科技力量所暗藏的巨大风险。现代专利系统通过公序良俗等原则的制度引领试图建起阻止负面技术授权的堤坝，但现有专利审查系统存在局限性难以完全过滤负面技术以及争议技术。一方面，因社会信息偏在、单一审查主体、审查员的有限理性、专业能力限制等因素，专利审查对技术的筛选、控制有限，不能确知后果，难以构筑一道防范"问题专利"的防火墙。❶ 除了因有限理性、信息偏在导致的对技术认识不全面之客观原因，专利授权实用性要求存在缺失，说明书充分公开要求不涉及负面效果公开等因素也是有害技术被错误授权得到制度庇护的重要原因。❷ 另一方面，工具主义科技观指引下，现行专利审查系统存在正当性层面的伦理基础薄弱、在实践过程中的伦理指引模糊❸以及伦理管制乏力等不足，例如《专利法》第 5 条关于专利授权的原则性公序良俗条款，"违反社会公德"以及"妨害公共利益"的概念与内涵并不明确，未类型化列举不授予专利的情形，实践中存在法律适用难题，难以发挥对敏感、争议技术的伦理规范作用。此外，专利制度作为人类设计的产物，其设计过程必然嵌入价值判断，"技术黑箱"的存在使得专利审查的价值导向取决于审查员的价值选择以及偏好，存在背离人类共同价值、道德准则以及行为规范的技术通过审查获得授权的可能性。

其二，专利系统的技术风险生成机制。专利技术是技术私有的法律形态，技术专利化是作为上层建筑的专利系统对作为生产力的技术进行审查、赋权，并促使其进入商业轨道的过程。通过独占授权、技术公开、权威赋予等作用机制，技术专利化使技术产权化、商品化与垄断化，并衍生出新的风险。一是独占授权。技术成果在被赋予专利权以前，对于技术所有人而言并无特别法律意义，但获得专利独占授权之后，该技术成果方案获得市场通

---

❶ 彭飞荣，陶金宏. 风险社会背景下我国公众参与专利审查制度之探究 [J]. 知识产权，2013（6）：75-79.

❷ 刘强. 有害技术专利问题研究 [J]. 武陵学刊，2013，38（1）：94-99.

❸ 刘鑫. 我国专利制度的伦理挑战及其应对策略 [J]. 深圳社会科学，2022，5（1）：112-125.

行证，具备了以权利形态参与产品流通和市场竞争的能力，进而催生了技术信息商品化和技术资源产权化。二是技术公开。作为获取独占权利的对价，专利技术方案必须向社会公开。此种公开创设了与技术相关的公共空间，成为基础性战略资源，专利地图、技术预见等信息利用与挖掘的手段，❶ 从而促进了包括负面性在内的技术溢出效应。三是权威赋予。专利审查与授权过程具有公示、公信功能，是一种对技术新颖性、创造性和实用性的专家系统之知识权力的官方认证。通过此种官方认证，技术的隐形价值得以显性化。经过官方审查筛选过程的专利技术是专门知识的技术价值性的表征，被赋予可靠、有益的权威意义，处于推定有效状态，形成技术传播与运用的乘数效应。

二、专利技术性风险景观

专利伦理冲突、有害技术专利以及基因专利挑战是专利系统风险传导机制与生成机制下的代表性风险景观。

专利伦理冲突是技术自身道德风险在专利系统下延伸和传导所产生的风险景观，是专利系统的伦理失调问题。技术导致的进步在于人、在于社会的伦理和价值的规约，而不是技术自身就是进步的，❷ 技术自身所诱发的道德风险，始终纠缠着技术本身。以人工智能技术的勃兴为例，其正在深度嵌入人类经济社会生活，催生了以算法歧视、隐私侵犯为代表的系列伦理风险危机，存在伦理关系失调、伦理规范失控、伦理价值失调、伦理行为异

---

❶ 李雨峰. 论专利公开与排他利益的动态平衡 [J]. 知识产权, 2019 (9): 3–10.

❷ 吴国林, 程文. 技术进步的内在哲学分析 [J]. 华南理工大学学报 (社会科学版), 2017, 19 (4): 41–46, 131.

化等风险样态。❶ 近期大热的 ChatGPT 则可能引发谣言生产多模态化下的扰乱认知、基于人工替代的失业威胁、造就技术依赖损害人类自身能力进化等问题。上述新兴技术成果本身所蕴含的技术伦理问题，会随着技术成果的专利保护延伸至专利运行实践之中，进而演变为专利制度运行的伦理风险景观。

有害技术专利是对社会公共利益、公共安全具有危害性的技术获得专利授权所引发的风险景观，是专利系统的质量失控问题。一些严重威胁公共安全、损害公共利益的技术曾经得到长期而严格的保护。2012 年"皮革食用明胶专利"事件中，利用废旧皮革制备食用明胶技术获得了专利授权，引发公众广泛关注、质疑和批评，导致专利制度的公共信任危机。有害技术获得专利授权，是一种知识社会强加给自己的威胁，其应用损害公共利益，带来物理风险，其获得授权则对专利审查机构的权威性以及法律法规的严肃性造成现实伤害。

基因专利挑战则是技术专利化后生成新的风险形态的典型例证，是专利系统的风险增生问题。基因技术对生命本身以及对人类社会的伦理价值和基本秩序带来显而易见的冲击，是现代性风险的显著构成，对基因技术的专利私权授予会催生新的风险，加剧基因技术对人类社会的考验以及挑战——基因技术专利化后，专利技术方案的公开会导致基因携带者隐私泄露风险，权利的独占会导致基因携带者隐私减损风险；基因专利权人就转基因食品与基因药品的独占权利能够转化为在相关市场上的垄断支配地

---

❶ 谭九生，杨建武. 人工智能技术的伦理风险及其协同治理 [J]. 中国行政管理，2019（10）：44－50.

位，可能引发粮食供给风险、公共健康危机等社会安全隐患；专利私权的护持会使基因技术的应用披上合法性的外衣，形成背离生命伦理的"人"的工具化挑战，并推动形成永久性的阶层差异和社会不平等。❶

总之，专利制度风险是财产权逻辑支配下专利制度功利主义盛行与技术工具理论范式支配引发的负面效应，本质上是现代化进程中资本与技术同盟化带来的必然结果。专利制度风险存在制度化风险与技术性风险两种样态，其来源、机理、景观与影响各不相同。以合法垄断为代表，专利制度化风险是制度本身作为风险主体所附随的"必要之恶"，以有害技术专利为代表，专利技术性风险是科学理性过度张扬所导致的"非必要之恶"。专利制度化风险与技术性风险皆为"理性"和"进步"驱动下的现代化风险。制度化风险与技术性风险的交织、叠加与共振，导致专利制度分配风险的秩序结构出现某种程度的"解组"，削弱、侵蚀、消解了制度的权威性，是专利系统"不能承受之重"，是专利制度聚讼不休的痛点和难点之所在。

总体而言，专利制度化风险是一种内生性风险，技术性风险则是外生性风险。内生性专利制度风险具有理论意义上的风险属性，而外生性专利制度风险实际上属于技术活动过程中的不确定性。专利制度性风险与技术性风险双重风险紧密捆绑，并形成一种共振效应。

---

❶ 刘鑫. 基因技术专利化的问题、争议与应对 [J]. 电子知识产权，2021（8）：4 – 17.

第四章

专利制度风险的 SSP 分析
范式与实证研究

前文述及专利制度风险的概念与类型、机理与景观，本章基于 SSP 经济分析范式建立一种专利制度风险的分析框架，论述专利制度风险的发生。专利制度调整因技术信息的控制、使用、转让所发生的社会关系，涉及技术信息衍生利益的归属与分配，经济分析方法天然地适用于收益以及风险的计算。中世纪以降，随着远程贸易的发展、经济的货币化以及各种有利于交易范围扩大的技术和制度的建立，市场脱离了固定场所限制，摆脱了熟人交换模式，形成了自身的独特要求与运行规律，成为配置物质资源的核心机制。市场机制受经济人理性原则支配，在此原则之上创造出一种计算市场风险的方法，即经济理性。经济理性方法可以从经济领域推广到整个社会领域，成为现代社会中分析、应对风险的基本方法。❶

---

❶ 杨雪冬. 全球化、风险社会与复合治理 [J]. 马克思主义与现实，2004（4）：61－77.

第一节 SSP 分析范式及其对专利 制度风险分析的适用性

一、SSP 分析范式：要素与优势

SSP 分析范式是美国经济学家爱伦·斯密德（Allan Schmid）提出的一种理论框架，用于解释制度与绩效之间的关系：当利益发生冲突或者要实现共享的目标时，财产规则怎样构建人们的关系并影响人们的决策参与。SSP 分析框架从人类相互依赖性的原初出发，研究以特定经济绩效为目的的制度设计，并对实际产生的绩效进行预测，从而提供制度选择。

SSP 分析范式有三个要素："状态（Situation）—结构（Structure）—绩效（Performance）"。❶ "状态"变量包括个人、团体和物品的特性。个人的特性主要包括个体的偏好、价值观、目标、有关知识以及决策策略。团体的特性包括参与决策的人数、决策者个人特性显现的程度以及团体内的决策规则。物品的特性包括非相容性使用、规模经济、共享性、排他性、占先性、交易成本、剩余以及波动性供求等。在 SSP 范式体系中，状态是制度分析的基础，是观察个人、组织与网络之间相互影响的前提条件，也是预测制度绩效的关键因素。物品的特性在各状态变量之中居于核心地位，个人、团体与物品特性的交织导致主体在经

---

❶ A. 爱伦·斯密德. 财产、权力和公共选择：对法与经济学的进一步思考［M］. 上海：上海三联书店，上海人民出版社，2006：译者的话 3 - 4.

济活动中的相互依赖，并影响着制度与绩效之间的关系。

SSP 范式中的"结构"变量代表一种权利结构和游戏规则，由制度或权利的选择组成，其对成本与收益的形成和方向起作用，决定了谁有决策机会。结构变量的范围非常广泛，具体包括使用权和交换权、交易类型、个人和集体的行动、所有权及其分配、市场竞争程度、合同规则、影响成本的规则、税收与公共开支条例、边界问题、规则制定原则与加总规则等。❶

SSP 范式中的"绩效"是既定状态（个人、团体与物品的特性）下收益与成本在不同主体之间的分配，是结构（制度与权利选择）的函数。斯密德认为，传统研究方法以自由、效率和经济增长作为衡量绩效的标准太过抽象，现实中不存在一种不偏袒任何一方的权利结构，由于利益冲突的存在，绩效分析必须指明自由、效率和经济增长对谁有利。"只要存在利益冲突，就不能只从总体上评价一种制度是否有效果，必须搞清楚这种效果是对谁有利。抽象的效率并不是一个令人满意的绩效变量。"❷

SSP 范式的基本逻辑链条是：由于人们之间具有广泛的相互依赖性，当个体或群体利益发生冲突以至于影响物品的相容性使用时，人们经过状态的高度组织化的机会束的认知和选择，会导致不同的绩效。当制度选择与状态相匹配的时候，可以期望获得更好的绩效。❸ SSP 分析范式的具体应用中，需要根据具体的研

---

❶ 王冰，李文展．制度经济学中的制度影响理论［J］．江汉论坛，2001（2）：15－19．

❷ A．爱伦·斯密德．财产、权力和公共选择：对法与经济学的进一步思考［M］．上海：上海三联书店，上海人民出版社，2006：355－356．

❸ 韩联郡．中国科技人才政策演变研究（1949—2009 年）［D］．上海：上海交通大学，2019：146．

究问题，对状态、结构与绩效进行界定。作为制度经济学中较为完善、系统的制度影响理论，SSP 分析范式有以下优点：其一，SSP 分析范式是一种系统、综合的研究，不是单纯分析绩效。SSP 范式将常见的物品特性整合在一个系统之中，作为制度影响的关键因素进行描述，从而丰富了状态变量，避免了变量单一带来的片面与误差。利用该范式可以较好地分析在不同的状态条件下，权利结构如何影响制度选择，二者之间的相互作用，及其对最终绩效的影响。其二，SSP 分析范式对绩效的分析更加具体明确。SSP 范式下的绩效不是加总的福利，而是分解开来的绩效结果，讨论成本与收益在不同个体之间的分配——是对谁而言的自由，是对谁有利的效率，在制度比较中判断哪一方的利益得到了满足。

在 SSP 分析范式中，状态处于核心地位，状态决定了经济或社会活动中人们的各种相互依赖性，是影响政策结构以及政策绩效的初始条件。状态是给定的，具有多样性，状态的多样性决定了结构的多样性，因此对状态的准确把握尤为重要。政策结构中的每一种政策选择可以看作对状态的一个应答，如果某一种政策选择与个人、团体或物品的特性（状态）相匹配，可以认为这个应答在理论上便是有效的，并在实践中可以预期一定的政策收益。相反，如果政策选择与状态不相匹配的话，则会使政策作用的对象"不在状态"，或者说政策已经偏离了状态，最终导致政策失灵甚至造成严重的不良后果。❶ 就制度而言，如果结构与给

---

❶ 韩联郡. 中国科技人才政策演变研究（1949—2009 年）[D]. 上海：上海交通大学，2019：172.

定的状态相契合，则体现为制度安排的高绩效；如果不相契合，或者说当制度安排容易引发机会主义时，就会形成制度的低绩效（风险）。制度安排受到一系列制约因素的影响，制度设计可能带来制度收益大于或小于制度成本的结果，如果收益小于成本，可能会导致制度设计对目标的偏离。❶ 因此，所谓能够带来更多收益的制度（政策选择）主要是由于其与政策的状态特性相匹配，也即"状态—结构—绩效"函数的对应规则建立在结构与状态的匹配度基础之上。

二、SSP 范式对专利制度风险分析的适用性

SSP 分析范式是通过在复杂的制度条件和多元的研究对象下，建立研究要素和结果（绩效）之间的映射关系的一种范式。由于多元要素间存在复杂的交互关系，难以通过线性的规划与分析获得结果，SSP 范式则耦合了多种因素，不以其内在的变动为目标，而以最终绩效变动为风险评估的标准。

SSP 范式对专利制度风险分析的适用性体现在以下方面：首先，SSP 范式的三个要素（状态、结构与绩效）涵盖了专利制度风险机制的各个方面。SSP 范式下状态变量所描述的个人、团体和物品的特性，与专利制度风险机制中的申请人偏好、专利制度的终极目标、技术的稀缺性、外部性等相契合。结构变量与专利制度的权利设计、政策选择、规则架构相对应。SSP 范式中的"绩效"是既定状态（个人、团体与物品的特性）下

---

❶ 陈辞. 中国农业水利设施的产权安排与投融资机制研究 [J]. 技术经济与管理研究，2014（2）：93–98.

收益与成本在不同主体之间的分配，其可以用于指征不同专利政策、规则下的制度风险。其次，SSP 范式为专利制度绩效（风险）的研究提供了一个系统分析框架。SSP 范式从分析事物原初状态开始，到最终绩效的考察，是一条逻辑链的完整展开，以往学者对专利制度的研究，着重于对制度创新绩效结果的考察，综合考虑制度作用机制各方面要素的研究成果很少呈现。SSP 分析范式提供了一个涵盖专利技术客体本身的特性，发明人、申请人与竞争者的偏好，制度供给与供给绩效（风险）等各方面内容的系统分析框架，综合考虑各个要素以及要素之间的逻辑关系，这为专利制度绩效的研究提供了新的视角和有益的思路。

本书以 SSP 范式为基础，建立专利制度风险的"状态—结构—绩效"分析框架，研判既定的专利制度结构状态中，不同规则设计与政策选择下的风险以及风险在不同行为体之间的分担情况。在专利制度风险语境下，状态是指技术的外部性、技术的非独占实施、申请人与利益相关者的偏好、创新需求上升、技术地位及作用的强化等专利制度当下面临的外部初始状态；结构包括专利权利设计、专利审查规则、专利授权规则、专利激励政策、专利侵权规则等专利制度安排与规则架构；绩效是指不同主体基于经济理性，依据专利制度的初始状态与制度结构安排，采取不同的行动策略和行为选择，所引致的专利制度后果（成本与收益在不同主体之间的分配）。制度成本大于制度收益、不确定性以及其他消极后果均为制度风险。

第二节　基于 SSP 范式的专利
制度化风险实证研究

专利资助政策风险是专利制度化风险的典型例证。2008 年我国《国家知识产权战略纲要》颁布后，中国专利数量猛增，被称为又一个"中国奇迹"，引起各方高度关注。《纽约时报》《亚洲时报》等国外媒体对此褒贬不一，更倾向于认为中国专利制度采取粗放型战略，存在的最大问题就是数量太多而总体质量不高。专利资助政策被认为是"中国专利申请量高歌猛进的重要推手"❶。本节基于前述分析框架，以政府专利资助政策为样本，对以专利资助政策为代表的专利制度化风险展开状态—结构—绩效的实证分析。

一、专利资助政策及其实施效果

专利资助政策是各级政府以财政专项资金等形式补贴专利申请、审查和维持费用，以促进专利申请，推动科技创新的举措。专利制度本以市场为运行基础，通过私权授予及专利技术价值的经济转换来实现创新激励的目的。专利资助政策实质上是以公共财政引导私主体专利行为，旨在通过政府干预，克服专利制度运行中的市场失灵与投资不足。我国专利制度建立后的十余年间，

---

❶ 徐棣枫，邱奎霖. 专利资助政策与专利制度运行：中国实践与反思 [J]. 河海大学学报（哲学社会科学版），2014，16（3）：74－79.

完全依赖市场机制运行的专利制度一直存在激励不足和专利产出失衡的结构性缺陷。[1] 1999 年上海市政府开始实施专利资助政策，颁布《上海市专利申请费、代理费资助办法》，旨在通过降低专利申请、授权后的成本鼓励专利申请，促进发明创造、提升创新能力。国家"十二五"规划将"每万人口发明专利拥有量"纳入国民经济与社会发展综合考核指标体系后，全国大部分地区相继出台各种专利资助、奖励政策。2014 年一份文献显示，31 个省级政府、大多数市级政府甚至部分经济较为发达的县级政府如昆山、太仓等均已出台了一系列的专利资助政策及其配套措施。[2] 以 2009 年财政部首个全国性专利资助政策《资助向国外申请专利专项资金管理暂行办法》为标志，全国范围内形成了从地方财政到中央财政多层次的专利资助政策体系。作为我国知识产权事业发展的一项重要举措，专利资助政策对社会公众专利意识的提高与专利申请量的增长曾经起到积极的促进作用。

以北京市为例，专利资助政策对刺激专利申请数量增长具有显著作用，1985—2010 年北京市专利申请的平均年增长速度为1614%。[3] 作为中国教育、科技资源最为富集的城市，1985 年北京专利申请数为 1540 件，约占全国的 10%。1993—1998 年出现专利申请增长停滞，个别年份甚至出现负增长。为应对增长停滞问题，2000 年 8 月颁布实施的《北京市 2000 年度专利申请费资

[1] 文家春. 我国地方政府资助专利费用机制研究 [D]. 武汉：华中科技大学，2008：63.

[2] 徐棣枫，邱奎霖. 专利资助政策与专利制度运行：中国实践与反思 [J]. 河海大学学报（哲学社会科学版），2014，16（3）：74–78，93.

[3] 孙兵兵，刘云，宋赛赛. 北京市专利申请资助政策演变特征与效果分析 [J]. 现代情报，2013，33（8）：35–39，42.

助暂行办法》，对单位与个人在电子、信息等 8 个重点技术领域的发明、实用新型和外观设计的申请费、发明专利实际审查费以及维持费进行资助。2003 年《北京市专利申请资助奖励办法（试行）》明确提出资助发明专利的申请费、实审费、实用新型和外观设计专利申请以及国外发明专利申请。2007 年 1 月颁布实施《北京市专利申请资助金管理暂行办法》，加大了财政投入力度，资助强度提高明显，特定情形下甚至全额资助，国内发明专利最高每件资助可超过 5000 元，国外发明专利为 2 万元/件（不含奖励部分），资助范围不断扩大，不限制资助领域，仅规定优先资助的条件。实施专利申请资助政策期间，北京市形成了市级主导、区县园配套的专利申请资助体系，配合专利奖励等区域鼓励创新政策，显著推动了专利申请数量的增长，专利申请数量增长 36 倍。❶

二、专利资助政策的 SSP 分析

（一）专利资助政策的状态分析

SSP 分析范式中的"状态"变量包括个人、团体和物品的特性。具体到地方政府专利政策的语境下，个人的特性包括专利申请人的机会主义与地方政府的创新崇拜和政绩诉求。根据奥利弗·威廉姆森的界定，在不完全契约和人的自利动机下，"经济人"必然产生机会主义倾向。❷ 在政府出台资助政策激励专利申请的

---

❶ 孙兵兵，刘云，宋赛赛. 北京市专利申请资助政策演变特征与效果分析 ［J］. 现代情报，2013，33（8）：35 – 39，42.

❷ WILLIANMUSON O E. Transaction – cost economics：the governance of contractual relations ［J］. Journal of Law and Economics，1979，22（2）：233 – 261.

过程中，存在信息收集、传递成本与信息不对称，导致政府无法准确、及时、全面地获知市场主体与专利申请行为相关的信息，也很难甄别能否从专利资助中获得最大创新产出。作为决策者与资助者的地方政府的特性主要表现为创新崇拜和政绩诉求。近年来，随着中国经济进入新常态，中央把创新提升为国家战略，并把地方创新能力作为考核官员的重要绩效标准，极大地促进了政府对创新资源的投入，并一度呈现出"R&D"（Research and Development）崇拜之势。❶ 在创新度量指标中，与创新质量相比，创新数量更容易量化，更具有可视性，政府在分配创新资源时更有可能对"数量"表现出更多的敏感和偏爱。而专利数量是衡量创新能力的重要标准，几乎所有的重要创新文献中，包括欧盟的全球创新记分牌（Global Innovation Scoreboard）、OECD 的《科技统计手册》、瑞士洛桑管理学院的《全球竞争力报告》、WIPO 的《创新报告》等都将专利作为测量创新产出的重要指标。❷ 在中国地方官员任期较短，市委书记平均任职时间仅为 3～4 年的情况下，❸ 时间短、见效快、彰显度高的专利产出数量指标无疑能够迎合政府官员的政绩诉求。

如果将专利资助政策看作政府提供的一种契约，政府、专利申请人与公众是该契约的主要参加者，即专利资助政策语境中的团体。该团体的特性在决策规则方面表现为政策程序不够科学、

---

❶ 余泳泽，张先轸. 要素禀赋、适宜性创新模式选择与全要素生产率提升［J］. 管理世界，2015（9）：13–31.

❷ 董涛，贺慧. 中国专利质量报告——实用新型与外观设计专利制度实施情况研究［J］. 科技与法律，2015（2）：220–305.

❸ 申宇，黄昊，赵玲. 地方政府"创新崇拜"与企业专利泡沫［J］. 科研管理，2018，39（4）：83–91.

民主，存在参与的非平等性与多数人的缺位——政府具备行政优势，专利申请人有信息优势，公众作为"沉默的大多数"在资助政策的制定、实施方面时常陷入失语状态；资助政策绩效评估、监督机制缺乏，资助资金流向、受助专利法律状态的变化不受约束。

物品的特性包括专利价值、专利申请行为的外部性以及不当专利申请的负外部性。专利价值具体包括技术资本价值（专利是科技含量、技术实力、技术新颖性与创新能力的表征）、经济资本价值（专利无形资产可作为公司注册资本，可以作价入股、质押融资，可通过专利转让、实施许可、侵权损害赔偿等途径实现经济价值）以及符号资本价值（专利是知识经济时代以及全球化语境下国家、区域、企业硬实力的象征性符号）。专利申请行为的外部性是指专利申请行为带来的技术扩散和技术竞争能够有效促进技术创新，并降低他人技术创新成本，增加技术创新的效用。不当专利申请的负外部性是指不当专利申请所导致的技术创新资源的浪费以及他人技术创新成本的攀升。

（二）专利资助政策结构分析

专利资助政策的规则设计呈现以下结构特征：从宏观层面看，专利资助政策与专利收费制度形成抵牾。专利费用制度是各国用来补偿专利制度运行的公共成本以及调节专利制度运行效率的重要工具和通行做法，❶ 是发明人与国家进行商业交换，获取垄断私权所支付的经济对价，发挥着影响专利申请倾向，调节专

❶ 文家春，朱雪忠. 政府资助专利费用及其对社会福利的影响分析 [J]. 科研管理，2009，30（3）：89-95.

利申请行为，抑制低质量专利申请的经济杠杆作用。而专利资助政策本质上是政府对专利市场运行机制的干预，对专利费用制度的经济杠杆作用形成对冲，与国家知识产权局依法对专利费用的收取是相抵触和矛盾的。由于缺乏基础理论指导以及基于国家利益立场的政策考量，地方财政专利费用资助政策与专利市场机制的对接，与国家知识产权局专利收费的衔接均是难题。

在资助对象方面，按照属地原则资助本地企业与个人专利申请是各地专利资助政策的常态。属地原则下，不能排除某些区县与上级地市资助上的重复，导致两级资助总额超过专利申请成本支出，使专利申请存在获利空间。实行专项资助上的差别待遇，向知识产权示范企业、优势企业和重大项目倾斜，"助强"是各地通行做法，例如《北京市专利资助金管理办法》（京知局〔2014〕178 号）第 10 条规定"涉及本市战略性新兴产业的项目，企业与高校、科研院所合作研究开发的项目，以及其他需要重点支持项目的授权专利可优先获得资助"，但也存在"扶弱"规定，例如 2007 年《北京市专利申请资助金管理暂行办法》明确规定对本市确有困难的单位和户籍在本市或具有本市居住证的个人申请国内发明专利、实用新型专利、外观设计专利及单位向外国申请发明专利给予资助；2013 年 12 月，国家知识产权局发布《关于进一步提升专利申请质量的若干意见》，规定"专利一般资助政策应以扶小扶弱为导向，以中小微企业、事业单位、科研机构及非职务发明申请人为主要资助对象，对其向国内外有关专利审查机构缴纳的官方规定费用和向专利代理机构支付的服务费给予资助"，即要求各地专利一般资助政策以"扶弱"为原则。在资助类型方面,许多地区专利资助缺乏筛选机制,不经实质审查的实用新型和外观设计也被纳入专利奖助范围,只是奖助金额少于发明专利。如上海市青浦区规定,获得授权的每项实用新型和外观设计专利,区财政分别给予 2000 元、1000 元的授权资助。❶ 在资助额度方面,主要采取定额资助和定比资助两种方式,各地资助额度存在较大差异,部分地区给予高额资助或奖励,扣除申请、授权成本后仍然有利可图。如湖北省孝感市规定,对在国内新获国家发明专利授权的企业(个人),每件奖励 5 万元,对在美国、欧盟和日本等国家和地区新获得发明专利授权的,每件奖励 10 万元,对在设有专利审批机构的其他国家和地区新获得发明专利授权的,每件奖励 8 万元。❷ 在资助程序方面,一些地方政府专利资助程序以专利申请为起点,只对专利申请文件进行形式审查,只要资金兑现到位,专利资助的任务就算完成,申请能否获得授权以及授权后权利状态的稳定性则毫不关注。如上海市普陀区规定国内专利申请在受理后给予代理费资助,额度为发明专利每件 3000 元、实用新型专利每件 1000 元。专利授权后给予发明专利每件 3000 元、实用新型专利每件 500 元的资助。❸ 也有一些地区实行申请、实审、授权分阶段给付专利资助费用,虽然有助于避免申请阶段

---

❶ 全国各省市专利资助政策 2018 年最新版 [EB/OL]. (2018 - 08 - 05) [2023 - 08 - 15]. http://www.changkeip.cn/news/558/159.

❷ 全国各省市专利资助政策 2018 年最新版 [EB/OL]. (2018 - 08 - 05) [2023 - 08 - 15]. http://www.changkeip.cn/news/558/159.

❸ 全国各省市专利资助政策 2018 年最新版 [EB/OL]. (2018 - 08 - 05) [2023 - 08 - 15]. http://www.changkeip.cn/news/558/159.

费用给付的相应弊端，但此种方式仍与专利质量及其市场价值无直接关联。

总体而言，在政策目标方面，专利资助政策总体呈现数量关注的特征；在政策细节方面，资助政策覆盖面存在重叠与盲点，部分地区资助额度偏高使得专利申请有利可图，"扶弱"原则的适用有可能触发更多的机会主义行为，使本不具备相应技术实力的个体申请垃圾专利。

（三）专利资助政策绩效（风险）分析

本部分利用 SSP 范式中的绩效变量分析专利资助体系下收益与成本在政府、专利申请人以及利益相关者等不同主体之间的分配，进而探讨专利资助政策制度化风险的形成。

对资助者（主要是地方政府）而言，专利资助政策的制度收益包括专利产出的促进与政绩的提升。地区创新水平是地方官员考核的重要指标，专利资助极大地激励了各地专利数量的增加，并促进了地方政府政绩的提升。制度成本包括显性的费用成本（专利资助费用）与政策成本支出，以及隐性的创新损害（专利资助政策激励下低质量专利集聚对创新的挤压与抑制）与社会资源浪费。

对专利申请人而言，专利资助的行政给付带来诸多制度收益。专利资助有效地降低了专利申请与维持的成本，促使企业加大专利申请力度，实现技术创新；也有助于企业以专利装点门面，兑换相关荣誉称号与财税补助。此外，部分地区专利资助政策存在获利空间，一些企业采取专利申请中的策略性行为和逆向选择行为，以问题专利"套利""骗补"，获取经济利益。❶ 对专利申请人而言，与上述制度收益相伴随的制度成本是企业抱负损伤——问题专利的申请有利可图，刺激更多的问题专利申请，导致企业创新文化与企业家精神的普遍损害——所带来的负面效应。

对利益相关者（非专利申请人）而言，专利资助政策带来的收益是社会创新福利（因技术创新带来的社会福利增长），制度成本则包括税收负担（作为财政拨款的专利资助费用主要来源于税收）与创新挤压（问题专利、垃圾专利对公共创新空间的挤占和压制）。

经由上文对地方政府专利资助政策之制度成本与收益的比较可知：专利数量化追求促成了专利申请人与政府部门之间的利益连接与互惠状态。专利资助政策的制度绩效向占社会较少部分的专利申请人倾斜，由于资助政策在指导思想、资助对象、资助方式、资助程序等方面存在不足与疏漏，在自利性的驱动下，相关主体利用此契机将专利申请转换为政绩、经济、学术等资本以兑换相应回报，政府主体在政绩驱动、地方利益驱动下形成重数量轻质量的倾向；专利申请人出于逐利目的重申请轻维持、重授权轻转化，专利异化为各方主体追逐眼前利益的短期行为。从总体上看，专利资助政策的实际实施效果偏离预设轨道，造成专利数量非理性增长，专利产出结构性失衡；产生泡沫效应（专利数量

---

❶ 典型案例如吴某专利申请诈骗案。吴某利用上海市专利代理费资助的规定，通过改头换面等方式申报 206 件专利，非法获利 103 000 元。参见上海市高级人民法院（2004）沪高刑终字第 187 号。

的虚假繁荣)、扭曲效应(扭曲专利制度功能,破坏市场竞争秩序)、误导效应(专利申请人无法从专利商业应用中获取额外利益,降低专利制度的吸引力)以及"劣币驱逐良币"(低质量专利申请获得授权并获利,进一步激励专利投机行为)效应,其总体制度成本远超制度收益,造成专利制度的实施性错位,生成浪费创新资源、破坏专利制度功能、减损社会福利的制度化风险。

上述结论与大量既有文献定量分析结果相互印证。❶ 国家知识产权局 2018 年 8 月 3 日发布《关于开展专利申请相关政策专项督查的通知》(国知办发管字〔2018〕27 号),要求对与专利申请相关财政扶持资金扶持政策开展全国性督查;2021 年国家知识产权局发布《关于深化知识产权领域"放管服"改革 优化创新环境和营商环境的通知》,提出不得直接将专利申请、授权数量作为享受奖励或资质资格评定政策的主要条件,要求 2021年 6 月底前各地要全面取消专利、商标申请阶段的资助和奖励。

根据上文的分析,专利资助政策绩效(制度风险)分析框

---

❶ 参见:张杰,高德步,夏胤磊.专利能否促进中国经济增长——基于中国专利资助政策视角的一个解释 [J].中国工业经济,2016(1):83-98;申宇,黄昊,赵玲.地方政府"创新崇拜"与企业专利泡沫 [J].科研管理,2018,39(4):83-91;毛昊,尹志锋.我国企业专利维持是市场驱动还是政策驱动 [J].科研管理,2016,37(7):134-144;安同良,周绍东,皮建才.R&D 补贴对中国企业自主创新的激励效应 [J].经济研究,2009(10):87-99;张永安,宋晨晨,王燕妮,等.基于供需结构视角下的专利泡沫形成机理和测度研究 [J].情报杂志,2018,37(5):85-90;张钦红,骆建文.上海市专利资助政策对专利申请量的影响作用分析 [J].科学学研究,2009,27(5):682-685;谢黎,邓勇,任波.专利资助政策与问题专利的形成——基于灰色关联的实证研究 [J].情报杂志,2014,33(6):49-52.

架如图 4 – 1 所示。

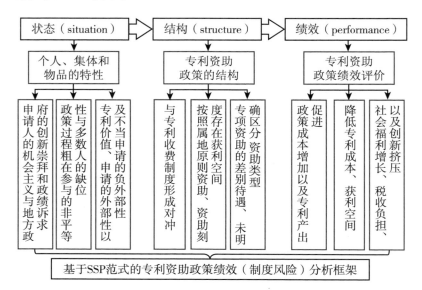

图 4 – 1 专利资助政策绩效（制度风险）分析框架

有学者提出，知识产权政策存在的最大问题在于，政府偏好蕴含了太多的非市场因素，因而这些政策的实施效果主要表现为片面追求知识财产的数量，知识产权更多呈现为"荣誉性"而不具有起码的市场活力。"投资驱动、粗放式增长"的模式虽然在短时间内促进数量的飞速增长，但积累的问题越来越严重。全面刺激已被证明不是好的政策，政府在制定知识产权相关政策时绝对不能忽视系统性风险。❶

总之，运用 SSP 范式对专利制度风险的分析结果提示，在现有制度框架下，以专利资助为代表的政策制定与执行诱发了新的

---

❶ 杨明. 将知识产权政策作为公共产品需谨慎 ［J］. 群言，2019（3）：32 – 34.

机会主义行为，并生成制度化风险。此种风险削弱了专利制度创新激励的功能，放大了制度的先天缺陷，动摇其存在的根基，引发垃圾专利、专利诉讼爆炸等严重问题。专利资助政策结构与状态的不匹配，激发、加剧、纵容了专利申请过程中的机会主义，是产生专利资助政策制度化风险的根本原因。作为制度运行外部配套条件的政策系统出现了"失灵"，即由于对创新促进政策、专利救济措施等方面的理解偏差导致专利申请动力的扭曲。专利资助政策的制度化风险，是个体理性导致的集体非理性，是制度安排中引发机会主义所产生制度的低绩效，是专利结构环境与行动者之间张力过大所产生的社会风险。

第三节　基于 SSP 范式的专利
技术性风险实证研究

专利技术性风险是经由专利系统传导或生发的技术风险。本节以区块链专利技术为对象，对专利技术性风险展开状态—结构—绩效的实证分析。

一、区块链专利概览

（一）区块链的概念与特征

区块链是一种由多方共同维护，使用密码学保证传输和访问安全，能够实现数据一致性存储、难以篡改、防止抵赖的记账技术，也称为分布式账本技术（Distributed Ledger Technology），典型的区块链以块—链结构存储数据。区块链融合分布式存储、密码学原理等多种技术与数据库，形成一种新的数据记录、传递、存储与呈现的方式，❶ 具有去中心化、开放性和安全性（时序数据不可篡改）等特征。分布式存储与通信及网络治理是支撑区块链体系的必要组件技术。

作为一种全新的颠覆性技术，区块链成为信息价值传递的重要载体，去中心化的信任机制能够改变人类社会中所有有意义的互动方式，为重新定义交易和分配规则提供了技术基础，改变现有的生产关系和商业逻辑，被称为第四次工业革命最大的驱动力和数字经济发展的新引擎，引领全球新一轮技术变革和产业变革。区块链技术将对工业互联网、数字经济、智慧金融等众多领域带来深远影响，呈现出多领域融合、多学科交叉、信息系统共融、智能更新加速等特点，可能引发社会治理结构和模式的转型。国务院 2016 年《关于印发"十三五"国家信息化规划的通知》将区块链技术作为战略性前沿技术之一，要求强化技术布局，区块链已被国家赋予核心技术自主创新重要突破口的关键地位。

（二）中国区块链专利申请：趋势与分布

近年来，区块链技术发展强劲，产业规模快速增长，应用场景不断拓展，世界各国纷纷抢滩区块链产业技术制高点，并重视区块链专利申请和应用。根据《区块链专利态势白皮书（1.0 版）》，全球区块链专利数量不断攀升，呈现快速增长趋势，中

---

❶ 张雪凌，刘庆琳. 区块链专利申请审查标准研究［J］. 知识产权，2020（2）：68－75.

国、美国和韩国是区块链专利申请量最多的国家。近年来，中国区块链专利数量增速迅猛，不仅申请数量领先全球，而且在专利融资方面的增速也超过美国，位居国际领先地位。数据显示，截至 2021 年 10 月 31 日，全球区块链专利申请量合计超过 5.5 万件，中国是当时在该领域专利申请数量最多的国家，约 3.3 万件，占比约 63.2%，其次为美国、韩国，分别占比 11.8% 和 5.3%。❶ 根据工业和信息化部发布的信息，截至 2022 年 8 月，中国的区块链专利申请量占全球总量的 84%。❷ 2009 年 1 月 1 日至 2022 年 12 月 31 日，全球区块链领域专利授权量 37 595 件，其中，中国专利授权量 22 457 件，占比 59.7%；美国专利授权量 8950 件，占比 23.8%；日本专利授权量 1339 件，占比 3.6%；韩国专利授权量 976 件，占比 2.6%；德国专利授权量 604 件，占比 1.6%；澳大利亚专利授权量 453 件，占比 1.2%；新加坡专利授权量 424 件，占比 1.1%，其他国家的专利授权量占比均低于 1%。❸

从申请趋势看，区块链技术出现在 2008 年，中国区块链专利申请经历了由缓慢起步到快速增长再到趋于稳定的变化，如图 4-2 所示，❹ 可以分为 4 个阶段：

❶ 新浪财经. 全球区块链专利申请量约 5.5 万件 中国占比超六成 [EB/OL]. (2021-11-10) [2024-05-15]. https://finance. sina. cn/2021-11-10/detail-iktzqtyu6523210. d. html? from=wap.

❷ 工业和信息化部. 中国区块链专利申请数量占全球总量的 84% [J]. 日用电器，2022 (9)：1.

❸ 国家知识产权局知识产权发展研究中心. 全球区块链专利状况研究 [R]. 北京：国家知识产权局知识产权发展研究中心，2023-04.

❹ 数据来源于专业的知识产权大数据调查平台 RainPat 官网，该网站与国家专利局的数据相对接。

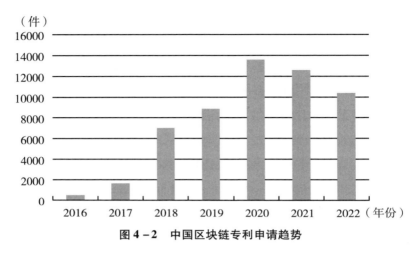

图 4 – 2 中国区块链专利申请趋势

第一阶段（2016 年以前）为缓慢起步阶段，这一时期中国区块链技术发展不成熟，专利申请总量每年不超过 100 件。第二阶段（2016—2017 年），在政策推进加持下，中国区块链专利申请量突破 1000 件且增速明显，区块链专利保护成为前瞻性创新企业的重点发展战略。第三阶段（2018—2020 年），中央及地方发布多项政策鼓励区块链技术创新、支持专利申请和转化，如2018 年，贵阳市印发《关于支持区块链发展和应用的若干政策措施（试行）》，对新获得贵州省专利金奖的区块链企业给予 10 万元资助。区块链技术研发热情高涨，区块链专利申请数量开始爆发式增长。第四阶段（2021 年至今），2021 年专利申请数超过 1. 2 万件，与 2020 年相比有所下降，但仍明显高于前几年。由于数据滞后的原因，2022 年度数据可能不完整。

从地区分布上看，如图 4 – 3 所示，区块链专利申请主要分布在广东省（14 398 件）、北京市（10 216 件）、浙江省（5205 件）、上海市（3665 件）和江苏省（3301 件），此外山东、四

川、福建、湖北等省份区块链专利申请数量较高。广东省是目前
全国区块链专利申请量最多的省份，平安集团、腾讯科技、金融
壹账通等企业是广东省区块链专利申请的主力军。北京市区块链
技术主要应用于政务领域，中国银行、中国联通、国家电网、百
度等企业也拥有一定的申请量。江浙沪地区蚂蚁集团、复杂美科
技、荣泽科技等企业区块链专利申请涉及法律、房地产、支付和
数字资产等应用领域。总体而言，中国区块链专利申请地区分布
不均衡，呈现在经济发达区域集中的特点。

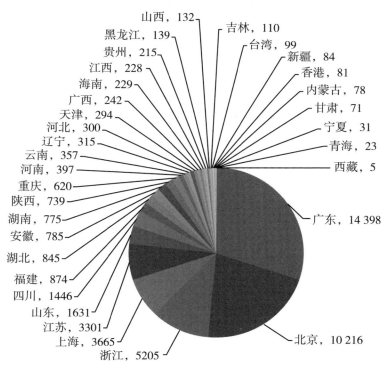

图 4 – 3　中国区块链专利申请地域分布

从行业分布看，如图 4-4 所示，区块链专利申请涵盖物联网、贸易和物流、版权保护、医疗保健、教育娱乐等行业领域。IPC 技术构成中占比最高的是 G06F（电数字数据处理）16 337 件，占比 36.4%；其次为 G06Q（专门适用于行政、商业、金融、管理、监督或预测目的的数据处理系统或方法）15 763 件，占比 35.12%；H04L（数字信息的传输）10 724 件，占比 23.89%。

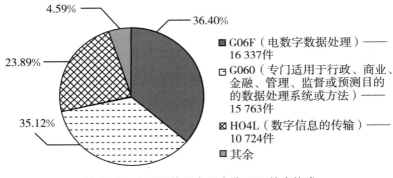

图 4-4　中国区块链专利申请 IPC 技术构成

从专利持有人分布看，如图 4-5 所示，截至 2024 年 5 月，区块链专利申请企业申请人排名前三位的分别是腾讯科技（深圳）有限公司 1867 件、平安科技（深圳）有限公司 1758 件、支付宝（杭州）信息技术有限公司 1344 件。腾讯科技（深圳）有限公司与深圳市税务局合作创建"智税"实验室，开发区块链电子发票。平安科技（深圳）有限公司开发的 BaaS（Blockchain-as-a-Service）平台提供数字资产管理、智能合约、数据存储等系列服务广泛涉及区块链技术及其应用。支付宝（杭州）信息技术有限公司在区块链行业深耕多年，积极布局专利申请，申请覆盖数字身份认证、电子发票管理、安全传输、智能合约管理和数据隐私保护等技术领域。

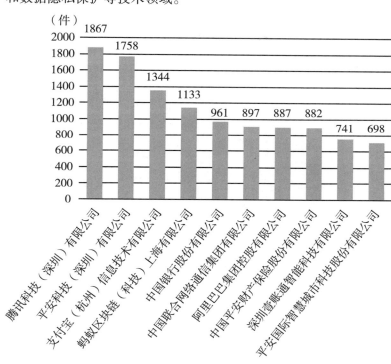

图 4-5　中国区块链专利申请人排行榜

　　总体而言，目前中国区块链技术创新活跃度高，专利申请数量大、技术含金量较高（近 82.7% 是新增申请的在审专利，超过 96% 是发明专利），❶ 处于全球领先地位。应该看到，区块链专利申请量大、创新活跃度高、应用领域广泛的同时，也意味着专利技术性风险可能性及其影响范围的升高。

---

❶　全球区块链专利申请量约 5.5 万件，中国占六成［EB/OL］.（2021 - 11 - 10）［2024 - 05 - 10］. https：//www. sohu. com/a/500254558_120091004.

二、区块链专利技术风险的 SSP 分析

(一) 区块链专利技术与风险的关联性

作为一种新兴技术，区块链技术本身源于安全防范需求，应用于安全保障领域，自身也存在一定的安全隐患，与风险密切关联。申言之，区块链技术天然地承载了人们对安全、公平、诚信等价值的追求和对平等、民主的理想社会的向往，[1] 但也对安全保障、公平维护、治理平衡以及契约自由提出新的挑战。在专利领域，区块链技术发展对现行专利制度提出诸多新问题，也是触发新型专利技术化风险的来源。

就技术本身及其应用而言，区块链技术自身存在共识机制漏洞、智能合约困境和密钥丢失危机三种难以控制的风险，在安全性、可扩展性、互操作性以及监管等方面面临众多挑战。[2] 现有专利申请涉及领域涵盖基础技术和底层架构，也包括应用场景和行业解决方案等。目前，区块链技术应用于隐私计算、智能合约、数据存储以及计算安全等领域的专利申请不断增长，应用于金融领域的专利申请明显高于其他行业，涉及身份授权、信息安全、数据服务、支付等敏感性、高风险领域。区块链底层技术架构能够重新定义货款、支付、授信、收益、评级等的程序、规则，形成新的道德体系、评估标准、信用记录等，推动人类社会达到"如同一个人"、全社会的行为"'一下子'同时"发生的

---

[1] 张成岗. 区块链时代：技术发展、社会变革及风险挑战 [J]. 人民论坛·学术前沿，2018（12）：33－43.

[2] 张雪凌，刘庆琳. 区块链专利申请审查标准研究 [J]. 知识产权，2020（2）：68－75.

高度,❶ 会对既有的社会秩序和格局产生重大影响,其未知、潜在的风险性不言而喻。例如,依托区块链部署的加密数字货币——比特币广受追捧,与之相伴随的是各种乱象、骗局频发,对正常的金融秩序造成影响,以致各国央行不得不出台相应举措以对其制约。❷

　　区块链技术引发了科技界、产业界与政策界的持续关注。国内学者对于区块链风险的讨论主要包括技术风险、法律风险、数据泄露风险等。夏纪森等(2019)分析了去中心化与分布式技术背后蕴含的世界观与现实制约,指出区块链技术的去中心化、匿名性等特点带来隐私泄露、信息篡改、盲目投资等一系列社会风险,针对区块链应用的法律难题从司法、执法、法律思维及国际合作等多角度提出了相应的治理方案。❸ 马治国等(2020)认为,我国区块链治理存在法律法规滞后且针对性不强、司法治理未成体系等问题,分析了美国、欧盟、日本和韩国的域外治理体系及经验,从完善基础立法、明确法律规则、加强数据治理、加大监管力度、建立多元化治理手段等方面提出构建和完善区块链治理体系的建议。❹ 赵磊、石佳(2020)分析了区块链技术的基础原理和应用场景,探讨区块链应用存在的法律风险,包括技术本身发展不足可能带来的安全风险、法律介入的界限不明

---

❶　张建云. 区块链技术体系支持下人类交往的普遍发展及意义 [J]. 观察与思考, 2023 (6): 33 – 43.

❷　张成岗. 区块链时代: 技术发展、社会变革及风险挑战 [J]. 人民论坛·学术前沿, 2018 (12): 33 – 43.

❸　夏纪森, 臧志宏. 论区块链应用的社会风险与法律治理 [J]. 常州大学学报 (社会科学版), 2019, 20 (1): 25 – 35.

❹　马治国, 刘慧. 中国区块链法律治理规则体系化研究 [J]. 西安交通大学学报 (社会科学版), 2020, 40 (3): 72 – 80.

以及区块链的法律监管难题等，对区块链技术未来的发展趋势进行展望，提出实行分类监管、加强行业规范、增加人才储备、增强产研政交流等建议。❶ 现有研究多从法律治理角度出发，强调划清权利边界、加强监管等多元化手段，但鲜有关于区块链专利风险的讨论和研究。

在专利申请审查方面，区块链技术作为新型技术，有其特殊的技术属性，对专利审查制度提出了新的挑战。现有专利审查制度内容对于计算机相关技术尤其是区块链技术的针对性规定还有待完善。近期，各国专利局积极探索和制定适应区块链技术发展需求的审查标准和流程，寻求注重质量与公平公正的专利授权。美国专利商标局（USPTO）2019 年更新针对区块链和数字货币专利的审查标准，强调专利适格性、实用性和非显而易见性标准；欧洲专利局（EPO）2018 年升级对计算机实现发明的指导方针，对区块链技术专利申请作出明确规定，要求申请人必须清楚指明技术特点并提供足够信息，以使专家评估发明的可行性和可行性。日本专利厅（JPO）2018 年针对区块链技术制定新的专利审查规则，主要关注实用性和新颖性，以及对技术效果的评估。各国对区块链专利申请审查标准的确立和优化，仍在持续探索中。

因此，区块链专利技术可能存在以下风险：一方面，如果存在政策监管不足或者专利审查规则对区块链技术的"难以适应"，则可能引发新的风险与困境；另一方面，专利是一种垄

---

❶ 赵磊，石佳. 依法治链：区块链的技术应用与法律监管［J］. 法律适用，2020（3）：33 - 49.

断性私权，对于区块链技术本身而言，这与算法技术的"创作共享"理念相冲突，专利的私权垄断效果也可能加剧技术的负面效应。

（二）SSP 分析范式下的区块链专利技术风险

本书采用 SSP 分析范式对区块链专利技术风险展开研讨。SSP 范式对区块链专利风险分析的适用性体现在以下方面：第一，SSP 范式不是一种单线程的逻辑推导，其将区块链技术和专利及其相关的整体环境打包成一个集合，可以系统、充分地研究影响制度的关键因素，避免单一片面的要素组合和制度变量形成的局部推导。第二，针对区块链专利风险研究，SSP 范式的最终结果的度量是绩效，通过对绩效进行正负解读，将其与是风险/不是风险进行对应，形成定义—方法—结果的良性融合。第三，区块链专利风险研究是技术多因素导向和制度多样化导向的融合判定，难以通过结果直接回溯原因，也就难以回溯到制度或技术的漏洞；而 SSP 范式对于这类多变量复杂映射问题具有很好的适应能力。第四，SSP 范式能以清晰的绩效计算逻辑展开复杂问题的逻辑链条，区块链专利风险既往研究成果少，可以提供一个更加清晰的推理视角，供后续研究借鉴。

1. 区块链专利的状态分析[*]

SSP 分析范式中的"状态"变量包括个人、团体和物品的特性。区块链专利是专利化的区块链技术，区块链专利的状态指向区块链技术自身的特征。从区块链的理论基础和技术原貌出发，

---

[*] 韩晶. 基于 SSP 分析范式的区块链专利风险研究［D］. 昆明：昆明理工大学，2023：30.

结合实际应用场景，区块链技术特征可归纳为去中心化、开放性以及安全性。

去中心化是区块链的基本特征。去中心化是指在分布式系统中，各个节点之间相互连接、相互影响，而没有一个强制性的中心控制节点。其网络结构的特点是开放式、扁平化、平等性、自治性强，其形成的系统现象和结构也表现出非线性和因果关系复杂等特征。在去中心化的系统中，每个节点都有自己的身份识别和管理能力，节点之间可以自由地连接、交互和协作，系统的行为和结构由各个节点的自治行为和相互作用所决定。落实到区块链技术本身，则是指其具体应用过程中不依赖第三方提供管理或支持，由所有节点的参与者共同管理。每个参与区块链网络的用户都可以提供节点，节点能够参与到区块链的各个方面，包括数据的读取、写入、验证以及共识等过程。区块链的去中心化特征遵从一般去中心化定义，通过分布式系统结构达成，节点间的信任关系基于数学方法即哈希函数得以实现，而无须中心机构来实现信息的定向流转。

区块链技术还具有开放性特征。开放性首先体现为技术的开源性，开源的条件包括：自由地再发行、包含源代码、允许修改和派生软件、源代码的完整性、无个人或团体歧视、不得歧视任何应用领域；许可证的发行、许可证不能特制某个产品以及许可证不能排斥其他软件。区块链的重要优势在于能够提高网络中参与者及其数据的信任水平。当用户及其数据间的信任水平达到一定程度，区块链就可以自动、平稳地运行。为达到这种信任水平，为网络提供动力的软件则必须是自由和开源的。开放性还体现为数据以及访问权限的开放，系统层面上的全部信息均为公开状态，代表利益和权力的数据可以自由流动，创造更大价值；可以消除数据壁垒、连通数据孤岛，促进数据的全社会共享共用。人们可以自由加入、查询公开的信息或开发相关应用，但用户的私有信息是加密的，各个成员可以通过各种加密手段保证信息安全的同时实现信息公开。

安全性是区块链技术备受各种应用场景青睐的重要原因。存储在区块链上的数据信息具有可追溯、不可篡改、系统稳定安全的特点。与传统的集中式数据库相比，区块链的稳定安全来源于分布式系统的共识算法所形成的强大算力，还体现在其使用时间戳来识别和记录数据，使数据具有可追溯性和不可篡改性。时间戳是一种将当前时间与特定事件相关联的数字信息，每一笔交易都会被记录在一个不可篡改的区块中，并被时间戳所识别和记录。时间戳可以有效地防止数据被篡改或者伪造，区块链技术本身变得非常安全。

区块链技术的去中心化、开放性以及安全性三个特征本质上是同源一体的，它们相互解释又彼此关联，是 SSP 分析范式中的基本状态变量。

2. 区块链专利结构分析

SSP 分析范式中的"结构"变量涵盖了一种权利选择和制度规则，结构变量的范围非常广泛，涉及许多方面，包括使用权和交换权、交易类型、个人和集体的行动、所有权及其分配、市场竞争程度、合同规则、影响成本的规则、税收与公共开支条例、边界问题、规则制定原则与加总规则等。这些因素相互作用，共同构成了一种社会经济系统的结构和规则。将 SSP 分析范式应用到专利领域时，"结构"所指代的含义包括专利制度的权利设计、政策选择和规则架构等方面。具体而言，专利制度的结构包括专利权利设计、专利审查规则、专利授权规则、专利侵权规则等专利制度安排与规则架构。这些规则和制度安排共同影响着专利市场的运作、专利权的授予与行使。区块链专利结构分析涉及区块链专利类型及其技术方案的认定规则。

专利法规定的专利类型包括发明、实用新型和外观设计三种。区块链本身是一种程序依赖性极高的技术，现有区块链相关的授权专利中，发明专利的数量高于实用新型和外观设计近十倍。从 IPC 技术构成上可以看出，在授权的实用新型和外观设计中，区块链技术大多不是受保护客体的技术主体，而是作为附加项。因此，比较有意义的区块链专利讨论对象是发明专利。对于涉及区块链技术的发明专利申请，如何认定为构成技术方案是讨论的重点。我国专利审查实践中，对技术方案的判断一般从技术三要素出发，即是否针对某一技术问题，采用了何种的技术手段，是否达到某种技术效果，详见《专利审查指南》相关内容。下文从专利审查与授权规则以及专利保护条款出发，具体分析区块链技术在专利客体方面的适格性要件，以及审查方面的实质性要件，以研讨我国区块链专利规则设计的结构特征。

其一，不授予专利权的情形。区块链技术可能涉及的不授予专利权的情形主要包括《专利法》第 5 条第 1 款，规定对违反法律、社会公德或者妨害公共利益的发明创造，不授予专利权，以及第 25 条第 1 款第 2 项，规定智力活动的规则和方法不授予专利权。

《专利法》第 5 条第 1 款是关于违反法律、社会公德或者妨害公共利益的发明创造的消极性规定。对违反法律、行政法规的规定获取或者利用遗传资源，并依赖该遗传资源完成的发明创造，不授予专利权。区块链相关技术专利主要涉及其社会损害可能的风险认定，目前有关的特殊规定主要涉及数字货币。区块链起源于比特币，近十余年来，基于区块链产生了各种加密数字货币，随之也产生了诸多相关专利申请。在我国，中国人民银行（以下简称"央行"）是货币发行的唯一合法主体，央行分别于2013 年和 2017 年牵头发布《关于防范比特币风险的通知》《关于防范代币发行融资风险的公告》，明确禁止非法定加密数字货币在市场上发行和流通。现行法律禁止加密数字货币的非法发行和流通，涉及加密数字货币的区块链专利申请，审查时首先根据《专利法》第 5 条第 1 款判断其是否违反法律法规。由于加密数字货币本身只是一种支付工具，依靠校验和加密技术来创建、发行和流通。因此在加密数字货币相关专利申请的审查过程中，主流观点是不应当"一刀切"，在防止技术被滥用的基础上，引导加密数字货币发挥其积极的作用，推动新兴技术发展。❶

《专利法》第 25 条第 1 款第 2 项规定对智力活动的规则和方法不授予专利权。2019 年 12 月国家知识产权局第三四三号公告发布的新修改的《专利审查指南》第二部分第九章中增加了第 6节，对区块链等技术作了审查限定，要求区块链相关的技术申请不可以是不包含任何技术特征的抽象的算法或者单纯的商业规则和方法。例如，基础算法和基础数学理论的专利申请，就区块链而言，如哈希（Hash）函数、散列函数的改进，非对称加密算

---

❶ 张雪凌，刘庆琳. 区块链专利申请审查标准研究［J］. 知识产权，2020（2）：68－75.

法的新理论，无疑都是可以推动区块链技术理论的发展的、有正向效果的成果，但这均为非技术，属于《专利法》第 25 条第 1 款第 2 项规定的不应当被授予专利权的情形。再如，一种根据区块链技术进行的游戏运营方法，也属于《专利法》第 25 条第 1 款第 2 项规定的不应当被授予专利权的情形，因为其申请中并非包含技术特征。

其二，受理专利的积极性要件。《专利法》规定了受理专利的积极性要件，即发明创造必须具有实用性、新颖性和创造性。在专利审查的实质性条件判断中，对于实用性、新颖性、创造性的判断，一般遵循"实用性→新颖性→创造性"的审查进路。关于实用性，专利审查语境下，区块链专利的实用性包括两部分：一是可实现性；二是技术要能产生正向效果。实用性的可解读性很强，主要是指申请书中所提出的积极效果，审查方也不会对其进行推论。毕竟也不能无限制地对技术效果加以推导，同时证明技术完美无缺是一个无穷大的论证责任，申请者难以负担。如不具备实用性，则可以直接驳回而省去新颖性、创造性的研判过程。关于新颖性和创造性，新颖性指所申请的技术方案相对于现有的技术具有明显区别，创造性则是这一区别能带来突出进步。新颖性判断比较注重技术手段，而创造性则是技术效果上的认定。实际中，不会将要素完全割裂，而是会对技术手段和现有技术进行一定的"实质技术方案"和"实际达到的技术效果"的推导，包括技术的进步是否足够"突出"，技术的组合是否显而易见。

2020 年 2 月 1 日起施行的修改后的《专利审查指南》对区块链发明的技术方案的认定作了一定的特殊要求。该特殊要求的整体内容是传统的审查思路的细微拓展，主要思路是将区块链相关专利的技术作为一个整体（该特殊要求较为微妙，因为一般的技术认定上不会将主要技术特征从整体方案中割裂进行单独判断）。具体对于区块链技术而言，《专利审查指南（2021）》对其进行独特规定的部分，是从整体审查出发，指出对新颖性审查要考虑全部技术特征，这无疑是考虑到区块链技术是新兴的普适技术，可以与相当多的技术领域进行结合并获得更好的社会效益。如区块链技术可以与抽象的方法、流程结合，也可以与具体适用领域结合，对于最后生成的产物，目前的审查规则认为，这均是区块链和其他技术"功能上彼此相互支持、存在相互作用关系"的结果，也就是说，审查时考虑区块链技术在其结合产物上的贡献。综合来看，区块链专利授权认定的一个重要问题在于，整体技术方案与技术特征的推导和判定。

3. 区块链专利绩效（风险）分析

本部分基于上述对区块链技术的状态分析和区块链相关专利制度的结构分析，进一步讨论区块链专利的绩效（风险），如图 4 - 6 所示。

区块链目前处于蓬勃发展阶段，在很多行业都拥有巨大的应用前景，但区块链技术在安全性、可扩展性、互操作性以及监管等方面也面临众多挑战，❶ 本身存在一定的技术风险。例如数据公开造成隐私泄露的风险。区块链中的数据具备高度的透明性，在联盟链中，链上信息具有互通互信的特征，一方在公链上的行

---

❶ 张雪凌，刘庆琳. 区块链专利申请审查标准研究［J］. 知识产权，2020（2）：68 - 75.

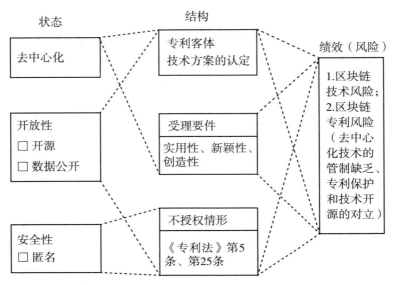

图 4 - 6　基于 SSP 范式的区块链专利绩效（风险）分析框架

为会对所有用户传播并储存，会引发某些隐私信息以及商业秘密等信息泄露和被侵权的风险。加入区块链的参与者通过合约约定了信息公开的权益，但这个过程依靠的是区块链的共识机制，在相关技术存在专利私权限定的情形时，会产生不确定性。区块链上公开的信息，如交易信息是否会被完全划分到隐私权的保护范围，本身就是一个不易界定的问题。此外，区块链本身的共识机制能否作为有效的授权也是一个问题。再如，匿名性与追责难的风险。区块链的安全性特征导致其匿名性的存在，在区块链上，用户无须公开或被检验个人信息就可以实现数据稳定无误地流动，即信息传递可以匿名进行。虽然区块链中传输的数据可以通过数字签名来表征身份和识别信息，但是由于数字签名本身不会披露参与者的真实身份，而这些身份权限又是难以破解的，因此这一特点可以保护参与者的隐私和安全，但也有可能间接协助一些非法活动，如洗钱犯罪等。专利审查的实质性要件层面，由于区块链技术通过数字签名来表征身份和识别信息，即交易可以在非传统身份验证的情况下有效进行，使得区块链相关技术的实用性难以判断。由于有关部门在追责时难以进行身份识别和数额检测，并且虚拟币在进行跨国流通时也不需要经过国家外汇管理机构的审核，因此对于利用区块链进行的洗钱、线上犯罪等行为，难以实现有效管制。

现行专利制度体系下，无法根据实用性等条款以存在消极效果可能性为由直接驳回区块链专利申请。因此，上述问题难以通过现行的专利制度加以解决。不仅如此，专利私权的加持能够放大区块链新技术的光环，区块链本身存在的技术风险会经由专利体系进一步延伸和扩散。

区块链专利可能存在以下技术性风险：其一，对去中心化技术在某些应用领域的管制缺乏。区块链技术具有去中心化的基本特征。在可专利性审查的积极条件层面，具有去中心化特征的区块链技术与一般的程序依赖性技术别无二致，技术主体均为信息处理的方案、方法，适用相同的审查标准。在消极条件上，基于加密数字货币对国家金融监管提出的挑战，专利制度在有关去中心化特征的规制上，对区块链技术在数字货币领域适用的可专利性进行了事实上的否定。但在非数字货币层面，如基于区块链的 NFT 虚拟资产（可交易的数字藏品）等方面并无规制，然而 NFT 等专利也可能产生和数字货币类似的风险。需要说明的是，虚拟资产并不直接会带来社会风险，但当其融合了区块链技术后，会形成一种带有价值流通性和去中心化特性的新事物。在现有的审查条件下，既不能直接通过对数字货币的规制去驳回它，也难以充分论证其违法性和违反社会公德或者妨害公共利益。对去中心化的技术进行授权，则意味着专利制度对去中心化理念的一种肯定。对去中心化技术的肯定态度，会对各种现行"中心化"制度造成冲击。这种冲击不单表现为制度约束对其无能为力，更表现为去中心化理念对无政府、无权威等乌托邦式自由概念的渲染。❶ 对去中心化技术在某些应用领域的专利授权带来的管制缺乏，是目前对区块链技术给予专利保护可能导致的负面效应及不确定性之一。

其二，形成专利保护和技术开源的对立。通过专利制度对区块链技术进行保护，不仅是对去中心化理念的肯定，也会造成对技术开发和技术应用的限制。对于区块链技术的开源性（公开和许可使用）而言，现行专利制度规定能够克服实质性问题的完整技术方案即可成为专利保护的客体，在这个层面，区块链相关的开源技术完全符合专利的保护范围，尤其是专利对于源代码的保护力度是很大的。问题在于，专利保护意味着私权垄断，对区块链的专利保护程度越高，区块链的开源程度就越低。专利持有人可以通过授予垄断性权利来保护自己的发明，从而获得商业优势和经济回报。开源运动则强调共享和协作，提供广泛的技术平台和社区资源，主张通过开放的知识共享和自由的软件许可协议来推动技术创新和进步。区块链的开源程度与区块链的技术效率成正比，因为区块链的信任机制来自代码，如果代码不开源，这种

---

❶ 夏纪森，臧志宏. 论区块链应用的社会风险与法律治理［J］. 常州大学学报（社会科学版），2019，20（1）：25-35.

信任就不可能实现，因此开源也成为实现信任机制的关键，故而技术开源和专利保护之间会形成冲突和对立。例如，一个企业申请了一种区块链技术专利，其目的是实现技术的私有化且保证权利不受他人侵犯，得到专利授权后，该技术则只能由该企业自己或自己授权的对象所使用。此时，在私链上的信息记录和传导效率很高，但对于外界而言（如监管部门），只有加入私链后才能体现区块链的各种技术优势，但是专利保护本身限制了其加入，使得这条私链的技术优势变得非常有限，换言之，专利保护使得区块链的技术优势丧失了，这种冲突本身即为一种社会效益的损失。此外，由于区块链技术更新速度快，且软件规模复杂性的增长速度远超摩尔定律，❶ 目前发明专利的 20 年保护期对于该技术显得过长。区块链后续技术的革新，很大部分会基于前序技术的基础；快速革新的另一面是技术的市场效益巅峰期来得快，去得也快，因此，20 年的专利保护期对于整个区块链技术板块来说，可能导致技术更迭与开源共享的人为限制。

　　上述风险，可视为区块链经专利制度加工后产生的新的风险。在专利制度的加持下，区块链平台可能会促使新的虚拟权力产生，导致"现实政治的重新集权"，少部分技术精英依托区块链专利技术垄断或主导公共事务却无须获得任何合法授权或不受任何监督。对技术规则本身的监管要比对利用技术从事不法行为的监管更难，因为与传统模式相比，由信息集中化主导的技术决

---

❶　摩尔定律是指集成电路上可以容纳的晶体管数目在大约每经过 18 ~ 24 个月便会增加一倍。换言之，处理器的性能大约每两年翻一倍，同时价格下降为之前的一半。摩尔定律揭示了信息技术进步的速度和效率。

策透明性更差、欺骗性更隐秘。❶

　　总之，区块链专利的审查、保护与运用实践中存在多重风险，亟须对风险展开分析和研讨，通过专利制度的进化，促进"负责任的区块链技术创新"的开展，着力构建面向"技术"与"社会"良性互构的区块链技术发展导向，更好地实现专利制度鼓励创新、保护发明创造以及促进科学技术转化为生产力的作用。

---

❶　张成岗.区块链时代：技术发展、社会变革及风险挑战［J］.人民论坛·学术前沿，2018（12）：33－43.

第五章

专利制度风险的法律控制

"如果我们之前没有专利制度，在对专利制度经济后果现有了解的基础上，建议设立这样一项制度是不负责任的；但是既然我们已经有了这样的一项法律制度，在现有了解的基础上，建议废除专利制度同样是不负责任的。"❶

风险已经成为现代社会政治动员的主要力量。风险社会的重要来源是风险的制度化，消解风险的有效途径也是制度本身的进化。预防、规避和消除风险是现代社会中法治的基本功能，在风险社会下，人们对法治具有较高的关注度和期待值，风险应对与社会秩序的维护和重建更多地依靠法律体系的健全及有效实施。❷ 作为现代性标志性产物的专利制度在风险的控制与应对方面力有不逮，甚至成为风险的来源。进行风险的法律控制，既是解开专利体制之结的内在要求，也是对风险社会增量压力的主动调适。以风险社会理论为指引，专利制度需要对现有的制度价值

---

❶ MACHLUP F. An economic review of the patent system（study of the subcommiree on patents, trademarks, and copyrights of the committee on the judiciary, 85th congress 2th session）[M]. Washington: Government Printing Office, 1958: 80.

❷ 杨知文. 风险社会治理中的法治及其制度建设 [J]. 法学, 2021（4）: 16 - 30.

目标、风险控制安全阀和程序进行调整，经由理念维度、规范维度与机制维度的内部调适，以及整体维度与国际维度的外部治理，对风险进行系统控制，促进对专利制度所保护的创新法益与社会关系的安全保障，提升专利法律作为一个利益与风险分配体系本身的预见性与确定性、能动性与可靠性。

第一节　中国专利制度现有风险控制机制

改革开放 40 多年来，从被动应对治理到主动强化保护，中国专利保护制度经历了"移植—转化—再造"的阶段性选择和能动性创新的过程，体现了法治道路上的本土特色、实践特色和时代特色，建立起较为完善的专利法律体系，完成了发达国家历经数百年才走过的制度进阶道路。进入新时代，专利制度激励创新的重要性被提升到前所未有的高度，知识产权被放在"完善产权保护制度""提高我国经济竞争力"等语境中加以强调和部署。❶ 在观念的指引与话语的互动中，中国专利制度走向了自我强化、能动创新的历史路径。

以专利法为代表，我国专利法于 1985 年施行，分别于 1992 年、2000 年、2008 年、2020 年进行过四次修正，对鼓励和保护发明创造、促进创新发挥了重要作用。《专利法》历次修正无不体现促进技术研发与应用的原则，这与处于转型发展关键时期技术的重要性相匹配与适应，也与中美战略竞争以技

---

❶　万勇. 中国知识产权发展水平跃升背后的思考 [J]. 中国品牌，2020（10）：89.

术竞争为核心相关联。❶

　　基于风险控制的视角对现行《专利法》进行考察,其总则部分明确法律宗旨是保护专利权人的合法权益,鼓励发明创造,推动发明创造的应用,提高创新能力,促进科学技术进步和经济社会发展,体现鲜明的工具理性倾向。关于风险的控制措施,主要包括为维护国家安全或者重大利益的保密专利(第4条),为维护公共利益限制专利授权对象(包括第5条对违反法律、社会公德或者妨害公共利益的发明创造,不授予专利权,第22条关于"专利三性",尤其是实用性的规定,第25条不授予专利的领域);紧急状态或者非常情况下或者基于公共利益目的发放强制许可的规定(第53条、第54条)等(见表5-1)。

表5-1 　《专利法》与风险控制相关的条款

序号	内　　　容	备注
第4条	申请专利的发明创造涉及国家安全或者重大利益需要保密的,按照国家有关规定办理	保密专利的相关规定
第5条	对违反法律、社会公德或者妨害公共利益的发明创造,不授予专利权。 对违反法律、行政法规的规定获取或者利用遗传资源,并依赖该遗传资源完成的发明创造,不授予专利权	为维护公共利益限制专利授权对象,过滤有害技术
第22条	授予专利权的发明和实用新型,应当具备新颖性、创造性和实用性。 实用性,是指该发明或者实用新型能够制造或者使用,并且能够产生积极效果	过滤有害技术

---

❶ 刘铁光. 风险社会中技术规制基础的范式转换 [J]. 现代法学,2011,33 (4):68-78.

序号	内　容	备注
第25条	对下列各项，不授予专利权： （一）科学发现； （二）智力活动的规则和方法； （三）疾病的诊断和治疗方法； （四）动物和植物品种； （五）原子核变换方法以及用原子核变换方法获得的物质； （六）对平面印刷品的图案、色彩或者二者的结合作出的主要起标识作用的设计	维护公有领域
第54条	在国家出现紧急状态或者非常情况时，或者为了公共利益的目的，国务院专利行政部门可以给予实施发明专利或者实用新型专利的强制许可	维护公共利益
第55条	为了公共健康目的，对取得专利权的药品，国务院专利行政部门可以给予制造并将其出口到符合中华人民共和国参加的有关国际条约规定的国家或者地区的强制许可	

综上，现行《专利法》有少量风险控制的相关规定，但总体而言，在风险控制方面存在视域盲点，缺乏总体设计，即对风险规制的社会和现实背景欠缺整体把握与宏观视野，风险防范作为目的和任务并未进入《专利法》规范体系。这种视域盲点使得现行专利制度在风险的防控方面存在功能缺失以及制度技术局限。

第二节　专利制度风险控制的原则

一、法治化原则

法治是以法律制度为主导的社会调控方式，是一种以普遍法律规范为基本行为尺度和生活准则的国家－社会治理模式。❶ 现代社会是风险社会，风险社会中最为稀缺的价值需求就是对于确定性的追求，法律作为一种确定性的价值在风险社会的运作中充当着最佳的调控模式，我们应当通过法律化解风险，通过法律吸纳风险，在此基础上将风险社会寓于法治社会的背景之中，❷ 将风险纳入法治化轨道已经成为共识，"风险社会"的现实化也是全面落实依法治国基本方略的一个前提。❸

作为风险治理机制的重要手段，进行法律控制，既是解开专利体制之结的内在要求，也是对风险社会增量压力的一种自觉调适。对专利制度风险的治理和防控需要围绕法治主义的原理，在依法治国的轨道上健康运行，既要完善风险防控的法制规范建构，也要防止预防风险、维护集体安全或照顾利益的措施不合法地侵犯个体的人身自由或经济权利。就专利制度风险治理而言，需要立法者、执法者和司法者等有意识地把对制度风险的防范、

---

❶　杨知文. 风险社会治理中的法治及其制度建设［J］. 法学，2021（4）：16－30.

❷　杨春福. 风险社会的法理解读［J］. 法制与社会发展，2011，17（6）：106－114.

❸　李秋高. 风险控制法制化研究［J］. 法学杂志，2011，32（8）：32－34，114.

处理和化解落实到风险治理要求的法治思维、原则运用和技术操作层面，从技术治理和法治实践的现实出发，通过提升或重塑法律制度的德性要素，为实现风险社会的良善治理提供可靠的法治化路径。

立法者层面必须重视控制风险功能的法治化。在合理确定可以接受的制度风险水平的基础上，设定需要进行风险规制的专利制度内生性风险以及外生性风险的类型、风险阈值等规范内容。例如，通过对授权客体的扩充及其权益保护，权利客体的排除，以及禁止权利滥用，限制权利行使等制度规则的设定和调试，限制和排除技术的潜在危害。适当拓展强制许可的适用范围或放宽其适用条件，有利于缓解和对抗公共安全方面的风险。执法者层面应当在立法授予的权限范围内行使职权，约束风险行政决定，限制知识产权行政主导的风险和不确定性，并发挥行政灵活性的优势，将专利立法层面的风险防控规定具体化。司法机关应关注专利制度风险预防措施实施的过程，审查专利行政措施的适当性，判断专利行政义务的履行，判断专利行政决定过程是否进行了风险权衡以及成本收益分析等。

二、预防性原则

预防性原则是风险社会中的基础性法律原则之一。基于对风险的担忧，采取预防性原则，有利于最大限度降低风险转变为实害的概率。如学者所述，"一旦像波斯纳所说的那种'灾异'，或者噩梦似的风险成为现实，实际上我们对它既无从禁锢，也无从逃避，对应的手段很有限度。因此，预防性的风险管理必须提上立法的议程"❶。近年来，我国对风险防控的重视程度不断提升，许多领域都确立了"预防为主"的方针。"生态文明""国家尊重和保障人权""国家保障自然资源合理利用""国家保护和改善生活环境和生态环境"等宪法条款均可从主观权利与任务目标角度分析出国家的风险预防义务，科技、公共卫生、应急、食品安全、环保等部门法领域也出现了有关风险评估、风险管理的零散规范，其中《生物安全法》还将"风险预防"作为生物安全防控的一项原则，说明风险预防理念在部门法中已得到广泛采用。❷

专利制度风险控制的预防性原则，即遵循主动控制、事先控制，而非事后补救的风险预防思维，根据不断发展变化的环境条件和不断出现的新情况、新问题，主动、及时采取应对措施，调整防控方案，并将这一原则贯穿全过程。以专利技术性风险为例，从技术研发阶段开始规制，以预防技术产生的负面效应或副作用。风险预防的法律规范应尽可能以完善程序法的建制来弥补实体法上的不足。比例原则与平等原则应适用于对预防措施的限制，将风险预防具体化为授权性、义务性规则，或作为获得专利权的前提条件等。需要注意的是，不管是行政机关还是司法机关，均无权以风险预防为理由直接限制公民申请专利的基本权利或自诩预防措施是合法的，也就是说，在法律上必须有明确的干预授权规定，否则就不能适用预防原则。

---

❶ 季卫东. 依法风险管理理论［J］. 山东社会科学，2011（1）：5-11.
❷ 王昱翰. 推动风险预防原则适用法治化［N］. 中国社会科学报，2022-12-21.

三、系统性原则

现代性的复杂后果考验着人类风险预防价值倾向的判断取舍，人类面临着风险的共生性、时代性及全球化的威胁。风险社会的危机属于系统危机，需要系统性地解决，这首先有赖于科学和政治的制度性反思。[1] 风险社会不仅是一种事实概念，也是一种文化概念，风险治理必须充分考虑文化、社会、伦理和价值等因素，而不能仅仅以简单的因果、线性思维来进行决策，避免风险治理的碎片化。

专利制度风险的防范、管理和控制是一项系统工程，制度风险成因复杂，后果影响面广，所需处理措施综合性强。"只见树木不见森林"的应对很容易落入顾此失彼的陷阱或左右为难的困局，"就事论事"的风险防控措施可能导致忽略风险规制与专利法治之间的内在紧张，甚至行走于自相矛盾的险地而浑不自知。要全面降低风险因素的影响，必须采取系统治理原则，纵向层面按照时间阶段配置相应的程序规范，事前阶段以风险监测、风险评估、风险预警为主，事中阶段重在发挥"公众参与"的功能，事后阶段设定"持续跟踪""动态调整"等程序。横向层面动员各方力量，建立风险防控的利益共同体和全方位风险管理体系，科学分配风险责任，合理设置风险防控措施。在风险防控的路径方面，不仅涉及强化法律规制的传统制度改造，也要求建立以社会监管为重要内容的政策体系，形成以全面理性（包括制度理性和科学理性）为基本内涵的风险控制机制，辅之以人本主义与和

---

[1] 南连伟. 风险刑法理论的批判与反思 [J]. 法学研究，2012 (4)：138 – 153.

谐发展的价值观的文化氛围营造，挖掘和升华专利制度的法律精神。总之，需要贯彻全面性原则，实施链条式整体防控，以系统、综合治理应对制度失灵，化解现代专利制度运行中的政策风险；以伦理先导抑制技术理性的过度张扬，超越和发展专利制度的正义、效率，创新诸传统价值，构筑以安全为核心的多元价值目标、以伦理为先导的社会规范调控体系及以技术和法律为主导的风险控制机制。❶

四、平衡性原则

专利制度风险的防控还应当遵循平衡性原则。专利法涵盖基本人权、分配正义、效率追求等多重价值目标。分配正义包括利益与风险分配的正义。分配正义要求破除功利主义的影响，不应优先考虑效率目标，这为专利法领域提供了一般理论前提。

现行专利制度体系未能有效承担风险规制的任务，反而成为一种风险的来源，存在风险规制方面的政策真空。风险社会背景下，专利制度面临创新激励的经济性目标与风险控制的社会性目标之间如何保持平衡，不应把激励发明创造的功能放在首要位置，有必要将激励创造为核心的功利主义立场转为道义论的立场，以创新驱动发展战略之内涵为导向、以制度风险控制为着眼点，协调"创新发展"与"预防风险"的关系，从实体制度、程序制度和激励制度等三个维度加以变革，促进专利制度价值追求由传统的单一性技术价值目标向技术价值目标与伦理价值目

---

❶ 吴汉东. 人工智能时代的制度安排与法律规制［J］. 法律科学（西北政法大学学报），2017，35（5）：128－136.

标、风险控制目标并重的嬗变，从而实现"专利—创新—风控"三者之间良性循环驱动。协同风险控制与创新激励目标，践行以价值整合和范式转换为基础的变革理应成为新时期专利制度改革的题中之义。

五、适度性原则

在价值考量与利弊权衡的基础上，专利制度风险控制应当遵循适度性原则。其一，风险本身有着双面性质，兼具消极与积极意义。风险的积极意义在于，其具备革新意义，能够成为凝聚社会力量、实现破旧立新的契机，全社会需要以抵抗风险作为共同目标，实行全面改革来适应风险社会的生存状态。❶ 此外，风险产生了新的利益对立和新型的受威胁者共同体，有可能带来市场机会。其二，现代社会风险的复杂性和矛盾性决定了，根除风险既不可能，还会引发对自由的削减，风险控制的目的是设法控制不可预的、会导致不合理的类型化危险的风险，实现风险的有效控制，或调停风险，或消解风险，即对不确定性进行确定性的导引，并尽量公正地分配风险。❷ 因此，风险社会中公共政策的基调不是要根除或被动防止风险，也非简单考虑风险的最小化。其三，专利技术性风险所关涉的科技创新风险是一种被允许的风险。"允许的风险指的是对于伴随着社会生活上不可避免地存在法益侵害危险的行为，基于对社会的有用性，即便发生法益侵害

---

❶ 张燕. 风险社会与网络传播：技术、利益、伦理 [M]. 北京：社会科学文献出版社，2014：203.

❷ 劳东燕. 风险社会中的刑法：社会转型与刑法理论的变迁 [M]. 北京：北京大学出版社，2015：36－37.

的结果，也在一定范围内允许。"❶ 以核能技术为代表，科技创新利益显著，且惠及面广，虽然其可能引发的风险巨大，但发生的概率有限。因此，总体而言，科技创新风险在一定程度上是被社会所允许的风险。基于上述三方面的原因，专利法作为规制科技风险的前置法，责任的设置以及风险的控制需要注意适度性原则，避免引发技术研发的萎缩以及停滞，避免风险控制措施的过犹不及。

第三节　专利制度风险控制的路径

现代科技形成的"工具主义理性"通过合法化或者合理性手段裹挟个人主义思潮，将私人观念或者个体利益扩张到极致，乃至通过技术理性形成新的统治。❷ 专利系统蕴含的制度化风险以及技术性危险表明，这一体系存在若干显著不合理。风险规制需求为专利制度改良的路径设计提供了价值坐标和规则指向。

一、理念维度：纳入风险防控的制度价值目标

价值理念的认同能够为制度改良提供必要的支持。制度的各种社会变迁力量都需要以价值理念的变迁作为其合理性论证的背

---

❶　郝艳兵. 风险刑法：以危险犯为中心的展开［M］. 北京：中国政法大学出版社，2012：32.

❷　易继明. 中美关系背景下的国家知识产权战略［J］. 知识产权，2020（9）：3 - 20.

书，能否继承与确立一个合乎现代社会需求的价值理念，使之能在社会整体转型中达到文化协调与文化融合，是社会转型能否平稳过渡及避免文化自戕的重要变量。❶ 风险社会语境对专利理论根基造成冲击，风险的语境设定成为专利制度转型的逻辑前提，但风险防控尚未纳入专利制度核心价值的讨论范围之内。专利制度改良的理念维度，有必要调整专利法立法目的和价值体系，建立具有一般性指引意义的风险预防思维，鼓励创新和风险防范并重。风险防控的制度价值目标向度，可以依托"安全 + 责任"的理念植入、原则设置以及权利观念的转换来实现。

其一，增加安全考量。将"安全"作为一个重要维度引入专利制度改良视野，将安全诉求和创新激励放在同一平台加以考量，对专利制度社会贡献的评价不局限于经济与技术维度，风险防控也是其中的重要内容。修正财产权逻辑对专利制度的思想统治，以人本主义的工具论立场取代独占论立场，即知识财产权本身不是目标，而是为实现其他更重要目标而采取的手段。知识产权规则、制度的制定，技术的进步都必须服务于人的需求。❷ 促进专利制度的工具价值与社会整体价值体系之间的持续对话和不断调适，从根源上减少专利制度化风险的发生。同时，贯彻落实"技术正义原则"，促使专利制度对技术的考察、赋权以及庇护趋向于审慎行事，以缓解专利技术性风险的影响。

其二，确立责任原则。责任原则是风险社会普遍性的伦理准

---

❶ 陶建钟. 风险社会与中国社会转型：变量与结构的一种叙事 [J]. 武汉大学学报（哲学社会科学版），2016，69（6）：16 – 22.

❷ 彼得·德霍斯. 知识财产法哲学 [M]. 周林，译. 北京：商务印书馆，2008：199 – 231.

则，是人类这一生物种类得以生存繁衍的仅存"可能性条件"之一。❶ 专利制度上的责任原则要求调整责任威慑程度，设立专利系统运行中涉及技术研发到应用过程的责任制度（包括道义责任、伦理责任和法律责任❷），加重个人（权利人）与组织（专利行政管理机关）对社会的责任，包括尽力防范专利技术性风险的发生，以及在风险事件的处理中承担相应的后果。例如，效仿《科学技术活动违规行为处理暂行规定》的相关条款，❸ 对在专利活动中故意隐瞒技术风险并造成严重后果的行为实施惩戒。再如，完善专利权无效宣告制度，对于因不符合技术有益性而被宣告无效的，不适用"自始无效"的例外规定以强化责任。责任原则是实现风险防控制度价值目标的重要环节，需要注意的是，科技创新风险是一种被允许的风险，专利法作为规制科技风险的前置法，责任的设置应当注意适度性，避免引发技术研发的萎缩以及停滞。

其三，转换权利观念。在风险社会理论视野中，专利权利观应该包括如下内容：权利应该有确定性范围，权利应该受到尊重和保护，权利应该被谨慎和正当地行使。❹ 通过强化权利客体排

---

❶ 薛晓源，刘国良. 全球风险世界：现在与未来——德国著名社会学家、风险社会理论创始人乌尔里希·贝克教授访谈录 [J]. 马克思主义与现实，2005（1）：44－55.

❷ 吴汉东. 人工智能时代的制度安排与法律规制 [J]. 法律科学（西北政法大学学报），2017，35（5）：128－136.

❸ 2020 年 9 月开始施行的《科学技术活动违规行为处理暂行规定》（科学技术部令第 19 号）第 8 条将"故意夸大研究基础、学术价值或科技成果的技术价值、社会经济效益，隐瞒技术风险，造成负面影响或财政资金损失"列为违规行为，并规定了相应的处理措施。

❹ 吴汉东. 知识产权的制度风险与法律控制 [J]. 法学研究，2012（4）：61－73.

除、禁止权利滥用、限制权利行使等措施，以综合治理限制权利的扩张与膨胀，应对制度失灵，化解专利法运行中的制度化风险。

二、规范维度：构建伦理先导的审查授权体系

专利审查是专利系统的前端环节，是专利制度风险的成因之一，风险的防控有必要对现行专利审查制度进行适度改良。以专利技术性风险的规制为例，"法律制度往往无法有效地矫正技术的使用行为"❶，防止"问题专利"增多的主要策略在于改革传统专利审查模式。有必要从规范维度的审查授权环节着手，强化专利授权审查中的技术伦理考量，影响技术研发导向，防控不适格技术负面效应在专利体制下的延伸。

其一，扩张专利授权伦理评估范围。摒弃"科技创新主义优先论"❷，将伦理/道德条件置于专利授权条件的首要与核心，位列于创造性、实用性等技术判断之前。一方面，扩充《专利法》公序良俗条款的规定，将违反"行政法规、地方性法规、自治条例和单行条例、规章等其他规范性文件"的行为也纳入《专利法》第 5 条之禁止授权之列。另一方面，按照危害生命安全、危及公共健康、损害生态环境以及破坏社会秩序由高到低四个层级，通过类型化的内容阐释，细化"违反社会公德与公共利益"的情形，以便对号入座。此外，组建由不同专业人士组成的专利

---

❶ 赵鹏. 科技治理"伦理化"的法律意涵 [J]. 中外法学，2022，34（5）：1201 – 1220.

❷ 王雅佳. 科技创新风险的刑法规制：实践、理念与范式 [J]. 科学学研究，2020，38（4）：714 – 722.

伦理审查委员会，对争议技术方案展开伦理审查和道德判断，通过具有可操作性的程序设计实施专利伦理系统评价。❶

其二，建立有效的技术审查衔接机制，将社会伦理准则、相关行业强制标准作为专利授权审查的参考依据，增强专利审查员与技术人士和伦理学界的信息交流与合作，化解道德风险，提升专利质量，确保专利授权审查工作合理、高效开展。❷

其三，实施更为严格的实用性标准，降低细碎改进技术获得专利授权的概率，明确《专利法》第 22 条关于实用性之"积极效果"的具体含义，将"技术有益性"考量置于传统的实用性评判因素之内，对申请专利的技术方案实行总体有益性评价，有效过滤有害技术获得专利授权。

三、机制维度：建立技术民主的多元共治格局

专利制度风险的深层性与复杂性，使得风险治理需要投入更广泛的社会力量，有必要奉行技术民主原则，促进公众参与决策，强化特定技术领域的信息公开，以主体多元化和信息公开化促进综合治理，为抵抗、化解专利制度风险提供多元渠道和途径。

其一，促进多元共治，建立专利审查公众参与机制并丰富专家咨询委员会的构成。目前形式的专利制度代表着不健康的权力与主导地位的集中，在这种集中里，大企业、专利代理师和专利

---

❶ 刘鑫. "科技向善"倡议下专利伦理评价机制研究 [J]. 中国科技论坛，2021
(6)：46-53.

❷ NOVECK B S. Peer to patent: collective intelligence, open review, and patent reform
[J]. Harvard Journal of Law & Technology, 2006, 20 (1): 123-161.

局的网络合作产生了对该制度的内部治理。❶ "集权的风险是风险社会挤迫下产生的最大的制度化风险。"❷ 应当着力畅通社会参与机制，加强对话与协商，建立以政府为核心，企业、研究机构、行业协会、公众等主体广泛、共同参与的自组织系统。通过分权的机制改革，实现治理主体的重新分权与要素重组，规制特定主体在知识—权力上的垄断地位，克服内部人治理的局限性，维护制度的公共利益目标。以专利审查环节为例，有必要建立专利审查公众参与机制。有效的专利技术性风险管理过程，是在承认技术不是万能的前提下，促进科学技术与社会需求之间、专利共同体与大众舆论之间、审查员与公众之间的良性沟通与互动，❸ 需要有公众全面、有序地参与和知情。尽管《专利法实施细则》（2023）第54条❹似乎开启了公众参与专利审查的方便之门，但由于其仅限于允许公众"提意见"而并未规定对于"意见"处理的法定程序使"提意见"的实际效果存疑，造成该条的可操作性并不强。对于一些涉及社会公共利益的重大专利事项，应当允许、鼓励公众通过相应的程序参与专利审查。专利审查公众参与有助于形成"扩大的同行共同体"，鼓励拥有相关专业知识的第三方参与审查，尽力避免因信息不对称、信息不足导

❶ DRAHOS P. Patent reform for innovation and risk management: a separation of powers approach [J]. Michigan Telecommunications and Technology Law Review, 2007, 3 (8): 1-11.

❷ 陶建钟. 风险社会与中国社会转型：变量与结构的一种叙事 [J]. 武汉大学学报（哲学社会科学版），2016, 69 (6): 16-22.

❸ 童小溪. 风险社会中的转基因主粮论争 [J]. 探索与争鸣，2010 (12): 20-22.

❹ 《专利法实施细则》（2023）第54条规定：自发明专利申请公布之日起至公告授予专利权之日止，任何人均可以对不符合专利法规定的专利申请向国务院专利行政部门提出意见，并说明理由。

致的"有限"审查；促使公众分担专利局的部分社会职能，提高审查效率与质量；还能对专利审查权形成有效的监督和制约，❶ 降低传统专利审查模式缺陷可能引致的社会公共利益损害之风险，为高度复杂性、不确定性的专利技术性风险治理奠定稳健、包容的知识基础以及机制支持。此外，应当丰富专利系统专家咨询委员会的构成，促进专家成员的多元化和非官僚化，以保证其相对独立性的建制条件，助力专利领域技术民主的多元共治格局的实现。

其二，强化信息公开，建立重要技术领域专利透明度登记册制度。专利信息公开是获取排他权保护的对价，然而实践中发明人总会竭尽所能地隐藏发明的核心要素，导致专利公开的充分程度与专利法之预设之间存在现实差距，带来专利保护范围的不确定性。从风险管控角度出发，有必要在涉及重要公共利益的技术领域（如药品与环保领域）建立透明度登记册制度，要求权利人通过登记册全面披露与目标技术相关的专利，包括专利权利状态以及许可使用情况等难以通过其他渠道获取的信息。❷ 专利行政部门可以通过适用禁反言规则以及适时删除无关专利信息实现对登记册的有效管理。

四、整体维度：打造风险治理的生态支持系统

面对各类社会公共性问题，人们习惯于借助部门法体系的强

---

❶ 彭飞荣，陶金宏. 风险社会背景下我国公众参与专利审查制度之探究［J］. 知识产权，2013（6）：75－79.

❷ DRAHOS P. Patent reform for innovation and risk management: a separation of powers approach［J］. Michigan Telecommunications and Technology Law Review, 2007, 3 (8): 1－11.

大吸纳能力，通过制度改造和法律解释方法的运用，将其置于部门法的框架下，以特定部门法的逻辑加以应对。风险立法也不例外。❶ 应当注意到，现代风险具有高扩散性、广泛关联性等特征，专利制度风险是现代风险的组分，与其他社会风险互相关联。此外，专利制度本身附随不易逆转的结构性风险和类型化风险，仅通过制度改良的自我节制的内部调适措施难以达到治本效果。据此，有必要将专利制度风险纳入现代风险社会的整体治理体系视野，尤其是科技伦理治理的公共政策议程中加以考量，采取综合性的调控方案，促进风险治理规则的通盘考虑，通过制度补充以及跨部门合作的制度外治理径路，打造风险治理的生态支持系统，从整体维度促成专利制度风险的有效控制。

其一，通过公共领域保留、开放存取运动与知识共享许可协议以及知识创新奖励等相关制度的补充和替代，或弥补现有制度缺陷，或植入制度规范体系，或发挥制度替代功能，❷ 以抵消、中和、改善专利制度化风险。

其二，促进《专利法》与其他以风险规制为主题的立法，例如《环境保护法》《大气污染防治法》《核安全法》《食品安全法》等部门法之间风险控制规则与工具的耦合与协同，以提升不同领域与专利技术相关联的风险症候群的治理效能。

其三，推进风险监管部门（例如国家知识产权局、国家科技伦理委员会、国家卫生健康委员会等部门）之间的沟通与合作，通过编织紧密协同的跨部门合作治理网络，简化相应决策和权衡

---

❶ 宋亚辉. 风险控制的部门法思路及其超越 [J]. 中国社会科学，2017（10）：136 – 158，207.

❷ 吴汉东. 知识产权的制度风险与法律控制 [J]. 法学研究，2012（4）：61 – 73.

的过程，构建"融条于块"，能动员各方资源的风险治理组织体系。

五、国际维度：推进应对风险的全球协同行动

"贫困是等级制的，烟雾是讲民主的。"❶ 现代性风险具有影响的平等性与无差别性特征，专利制度设计本身以及运行实践中所携带的制度化风险随着国际专利合作以及专利制度的趋同而突破地域限制在全球范围内普遍存在。与此同时，大数据、人工智能和生物技术等领域的专利技术性风险对人类社会的影响超越个体、区域和国界，日益广谱化和深层化，涉及人类命运共同体的整体利益和未来发展，目前比以往任何时候都更需要专利制度风险防控方面的国际协同和共同行动。

作为负责任的大国，中国应当在推进应对专利制度风险的全球协同行动方面有所作为。

其一，主张国际专利利益分配的公平正义。"风险分摊的问题已经跃升为民族国家乃至世界国家的首要矛盾。"❷ 针对国际层面技术财富与风险分配的严重不公平等制度化风险，主张专利国际许可及转让的权益再次分配必须重视对跨国专利利益关系的平衡，反对霸权国利用专利技术权力展开对技术后发国家的贸易倾轧、专利劫持以及科技围剿；主张国际专利权益分配的伦理底线，反对跨国企业把持医药产品专利造成发展中国家的公共健康

---

❶ 乌尔里希·贝克. 风险社会：新的现代性之路 [M]. 张文杰，何博闻，译. 南京：译林出版社，2018：27.

❷ 薛晓源，刘国良. 全球风险世界：现在与未来——德国著名社会学家. 风险社会理论创始人乌尔里希·贝克教授访谈录 [J]. 马克思主义与现实，2005（1）：44-55.

危机。❶

其二，倡导建立新的国际专利伦理关系准则。可以在 WIPO 框架下推动《专利伦理普遍准则宣言》（以下简称《宣言》）的制定与发布，主张达成专利技术创新激励中的伦理共识，突破国界构建共同的风险治理的国际网络，平衡专利技术创新与风险防范目标，建立平等包容、审慎发展的全球专利政策和制度环境，通过《宣言》的发布与实施，充分调动国际社会力量共同应对、解决风险社会语境以及新科技革命背景下的专利技术性风险问题。

其三，推动全球专利信息透明度的提升。积极参与 WIPO、WHO、WTO 等国际组织就提升专利信息的透明度和可获得性进行合作的相关事宜，支持、推动构建如 Pat – INFORMED 数据库❷等国际性重要技术领域专利信息公共数据库，为专利风险的全球防控提供信息基础设施支持。

---

❶ 刘鑫. 专利权益分配的伦理正义论 [J]. 知识产权，2020（9）：47 – 60.

❷ Pat – INFORMED（Patent Information Initiative for Medicines，药品专利信息倡议）是世界知识产权组织（WIPO）和国际制药商协会联合会（IFPMA）于 2018 年 9 月 25 日共同推出的在线工具，免费提供关于药品专利信息的开放数据资源。尽管有关专利申请和授予的信息属于公共领域，但直接将专利与市场上已有的药品联系起来的数据仍然很少，仅在某些特定国家公开（如美国的橙皮书）或由第三方收费数据库提供。Pat – INFORMED 提供药品与专利的链接信息，能够提升药品专利信息的透明度，促进研究数据的可及性。

结　　语

近年来，国际科技竞争日益激烈，科技本位主义演化为一种引人注目的社会思潮，[1] 技术领先国家和技术追赶国家均将战略性鼓励技术的生产与应用奉为圭臬。中国正在大力推进高水平科技自立自强，专利制度激励科技创新的功用备受重视，得到强调及渲染。基于风险社会理论的指引，国内层面，不宜放大专利制度与政策的功用，对专利制度化风险以及技术性风险应当保持必要的警惕，防止"科技趋利"的实用主义主导下的资本运作以及技术发展遮蔽专利制度的正义、秩序、安全、公平等价值目标。国际层面，应当重视专利制度在制造技术财富与风险分配不公方面的效应，倡导国际专利权益分配的伦理底线，反对损害公共利益的专利剥削性滥用行为，并积极参与新领域新业态专利国际规则与标准的制定。制度层面，通过系统工程实施链条式的风险整体防控，控制、改善专利制度本身作为风险主体所附随的"必要之恶"，削减、消除技术理性过度张扬所导致的"非必要之恶"，提升制度的安全价值和创新质效。总之，有必要以适切的方式打破创新叙事在专利制度设计方面的垄断地位，在科技、伦理、安全和法律之间找到最佳的平衡点。

---

❶　蔡翠红. 科技本位主义的潮流与动因 ［J］. 人民论坛，2019（35）：40 – 43.

参考文献

一、中文类

（一）著作类

[1] A. 爱伦·斯密德. 财产、权力和公共选择：对法与经济学的进一步思考 [M]. 黄祖辉，蒋文华，郭红东，等译. 上海：上海三联书店，上海人民出版社，2006.

[2] 埃贝哈特·施密特－阿斯曼，等，乌尔海希·巴迪斯编选. 德国行政法读本 [M]. 于安，等译. 北京：高等教育出版社，2006.

[3] 安东尼·吉登斯，克里斯多弗·皮尔森. 现代性——吉登斯访谈录 [M]. 尹宏毅，译. 北京：新华出版社，2001.

[4] 安东尼·吉登斯. 第三条道路 [M]. 郎有兴，译. 杭州：浙江大学出版社，2000.

[5] 安东尼·吉登斯. 现代性的后果 [M]. 田禾，译. 南京：译林出版社，2011.

[6] 芭芭拉·亚当，乌尔里希·贝克，约斯特·房·龙. 风险社会及其超越：社会理论的关键议题 [M]. 赵延东，马缨，等译. 北京：北京出版社出版集团，2005.

[7] 彼得·德霍斯. 知识财产法哲学 [M]. 周林，译. 北

京：商务印书馆，2008.

　　［8］大卫·丹尼．风险与社会［M］．马缨，等译．北京：北京出版社出版集团，2009.

　　［9］丹·伯克，马克·莱姆利．专利危机与应对之道［M］．北京：中国政法大学出版社，2013.

　　［10］狄波拉·乐普顿．风险［M］．雷云飞，译．南京：南京大学出版社，2016.

　　［11］福特，萨恩．技术管理与营销［M］．高邦，李艳丽，译．北京：中信出版社，2002.

　　［12］高宣扬．鲁曼社会系统理论与现代性［M］．北京：中国人民大学出版社，2005.

　　［13］郝艳兵．风险刑法：以危险犯为中心的展开［M］．北京：中国政法大学出版社，2012.

　　［14］胡波．专利法的伦理基础［M］．武汉：华中科技大学出版社，2011.

　　［15］基辛格．世界秩序［M］．胡利平，林华，曹爱菊，译．北京：中信出版集团，2015.

　　［16］吉登斯．失控的世界［M］．周红云，译．南昌：江西人民出版社，2001.

　　［17］吉藤幸朔．专利法概论［M］．宋永林，魏启学，译．北京：专利文献出版社，1990.

　　［18］克里斯·希林，菲利普·梅勒：社会学何为？［M］．李康，译．北京：北京大学出版社，2009.

　　［19］劳东燕．风险社会中的刑法：社会转型与刑法理论的变迁［M］．北京：北京大学出版社，2015.

［20］刘小枫．现代性社会绪论——现代性与现代中国［M］．上海：上海三联书店，2000．

［21］刘岩．风险社会理论新探［M］．北京：中国社会科学出版社，2008．

［22］马克思，恩格斯．共产党宣言［M］．北京：中央编译出版社，2005．

［23］马克思，恩格斯．马克思恩格斯文集：第2卷［M］．中共中央马克思恩格斯列宁斯大林著作编译局，编译．北京：人民出版社，2009．

［24］尼克·皮金，罗杰·E.卡斯帕森．风险的社会放大［M］．谭宏凯，译．北京：中国劳动社会保障出版社，2010．

［25］邵则宪．昭隆传统之大美：中国文化如何成为全球治理的建构者［M］．北京：清华大学出版社，2019．

［26］苏峻．公共科技政策导论［M］．北京：科学出版社，2015．

［27］田村善之．田村善之论知识产权［M］．李扬，等译．北京：中国人民大学出版社，2013．

［28］王太平．知识经济时代专利制度变革研究［M］．北京：法律出版社，2006．

［29］乌尔里希·贝克，安东尼·吉登斯，斯科特·拉什．自反性现代化：现代社会秩序中的政治、传统与美学［M］．赵文书，译．北京：商务印书馆，2014．

［30］乌尔里希·贝克．风险社会：新的现代性之路［M］．何博闻，译．南京：译林出版社，2004．

［31］乌尔里希·贝克．风险社会：新的现代性之路［M］．

张文杰，何博闻，译．南京：译林出版社，2018.

［32］乌尔里希·贝克．世界风险社会［M］．吴英姿，孙淑敏，译．南京：南京大学出版社，2004.

［33］乌尔里希·贝克．约翰内斯·威尔姆斯．自由与资本主义［M］．路国林，译．杭州：浙江人民出版社，2001.

［34］乌尔里希·贝克．全球化与政治［M］．王学东，柴方国，译．北京：中央编译出版社，2000.

［35］许良．恩格斯现代性批判思想研究［M］．上海：上海财经大学出版社，2017.

［36］亚当·杰夫，乔希·勒纳．创新及其不满［M］．罗建平，兰花，译．北京：中国人民大学出版社，2007.

［37］伊丽莎白·费雪．风险规制与行政宪制主义［M］．沈岿，译．北京：法律出版社，2012.

［38］易继明．技术理性，社会发展与自由——科技法学导论［M］．北京：北京大学出版社，2005.

［39］约翰·加尔布雷思．不确定的时代［M］．刘颖，胡莹，译．南京：江苏人民出版社，2009.

［40］张燕．风险社会与网络传播：技术·利益·伦理［M］．北京：社会科学文献出版社，2014.

（二）论文类

［1］安佰生．"洛夏墨点"：关于知识产权保护制度与竞争政策关系的争论［J］．经济理论与经济管理，2008（2）.

［2］安同良，周绍东，皮建才．R&D补贴对中国企业自主创新的激励效应［J］．经济研究，2009（10）.

［3］奥利弗·威廉姆森．生产的纵向一体化：市场失灵的考

察［A］. 陈郁编. 企业制度与市场组织——交易费用经济学文选［C］. 上海：上海三联书店，上海人民出版社，1996.

［4］鲍磊. 现代性反思中的风险——评吉登斯的社会风险理论［J］. 社会科学评论，2007（2）.

［5］贝克，邓正来，沈国麟. 风险社会与中国——与德国社会学家乌尔里希·贝克的对话［J］. 社会学研究，2010，25（5）.

［6］蔡从燕. 风险社会与国际争端解决机制的解构与重构［J］. 法律科学（西北政法学院学报），2008（1）.

［7］蔡翠红. 科技本位主义的潮流与动因［J］. 人民论坛，2019（35）.

［8］陈辞. 中国农业水利设施的产权安排与投融资机制研究［J］. 技术经济与管理研究，2014（2）.

［9］陈晓明. 风险社会之刑法应对［J］. 法学研究，2009（6）.

［10］陈兴良. "风险刑法"与刑法风险：双重视角的考察［J］. 法商研究，2011，28（4）.

［11］大卫·罗佩克. 风险认知中的恐惧和理性［EB/OL］.（2012－10－29）［2024－04－15］. https：//cn. nytimes. com/opinion/20121029/c29gray/.

［12］迪恩·贝克，阿尔琼·佳亚德福，约瑟夫·斯蒂格利茨，等. 创新. 知识产权与发展：面向21世纪的改良战略［J］. 周建军，施蒙，译. 政治经济学季刊，2019，2（1）.

［13］第十九届全国经济法前沿理论研讨会暨经济法30人论坛（第九期）［EB/OL］.（2018－11－14）［2024－05－05］. https：//www. economiclaw. pku. edu. cn/xwdt/1295142. htm.

［14］董涛，贺慧．中国专利质量报告——实用新型与外观设计专利制度实施情况研究［J］．科技与法律，2015（2）．

［15］董正爱．环境风险的规制进路与范式重构——基于硬法与软法的二元构造［J］．现代法学，2023（2）．

［16］钭晓东．从"刚性规制"迈向"韧性治理"：环境风险治理体系与治理能力现代化变革［J］．中国高校社会科学，2022（5）．

［17］杜爱霞．马克思主义理论对专利制度改革的启示［J］．河南社会科学，2021，29（4）．

［18］范如国．"全球风险社会"治理：复杂性范式与中国参与［J］．中国社会科学，2017（2）．

［19］冯洁涵．全球公共健康危机、知识产权国际保护与WTO多哈宣言［J］．法学评论，2003（2）．

［20］高小平．风险社会与危机治理理论的限度及其辩证思考——兼评《邻比冲突及其治理模式研究》对制度创新理论的贡献［J］．中国行政管理，2019，407（5）．

［21］工信部．中国区块链专利申请数量占全球总量的84%［J］．日用电器，2022（9）．

［22］郭禾．改革开放后我国专利制度思想观念的嬗变［J］．知识产权，2021（6）．

［23］韩大元．当代科技发展的宪法界限［J］．法治现代化研究，2018（5）．

［24］韩晶．基于SSP分析范式的区块链专利风险研究［D］．昆明：昆明理工大学，2023．

［25］韩联郡．中国科技人才政策演变研究（1949—2009

年）［D］．上海：上海交通大学，2019．

［26］韩兴．专利制度危机背景下的技术正义原则研究［J］．知识产权，2016（11）．

［27］郝艳兵．风险社会下的刑法价值观念及其立法实践［J］．中国刑事法杂志，2009，103（7）．

［28］何国强．风险社会下侵权法的功能变迁与制度建构［J］．政治与法律，2019，290（7）．

［29］何隽．迈向卫生公平：WTO 中的药品知识产权［J］．清华法治论衡，2014（2）．

［30］何鹏．知识产权立法的法理解释——从功利主义到实用主义［J］．法制与社会发展，2019（4）．

［31］何哲．官僚体制的悖论、机制及应对［J］．公共管理与政策评论，2021（4）．

［32］何志鹏．聚焦涉外法治理论与实践前沿　推进彰显自主性的国际法研究［N］．检察日报（理论版），2024－01－08．

［33］和育东．从权利到功利：知识产权扩张的逻辑转换［J］．知识产权，2014（5）．

［34］和育东．专利契约论［J］．社会科学辑刊，2013（2）．

［35］胡波．专利法的伦理基础［D］．重庆：西南政法大学，2009．

［36］胡允银，林霖．当代专利制度改革的理论思潮：劫持论与反向劫持论［J］．科技进步与对策，2016，33（8）．

［37］季卫东．依法风险管理论［J］．山东社会科学，2011（1）．

［38］蒋舸．著作权法与专利法中"惩罚性赔偿"之非惩罚

性［J］. 法学研究, 2015, 37 (6).

［39］金自宁. 风险规制与行政法治［J］. 法制与社会发展, 2012, 18 (4).

［40］蒯正明. 贝克全球风险社会理论解读与评述［J］. 哈尔滨师范大学社会科学学报, 2011, 2 (6).

［41］LEMIEY M A. 财产权、知识产权和搭便车［J］. 杜颖, 兰振国, 译. 私法, 2012, 19 (1).

［42］劳东燕. 风险社会与变动中的刑法理论［J］. 中外法学, 2014, 26 (1).

［43］劳东燕. 风险刑法理论的反思［J］. 政治与法律, 2019 (11).

［44］劳东燕. 公共政策与风险社会的刑法［J］. 中国社会科学, 2007 (3).

［45］李黎丹. 从风险的社会放大框架看媒体的社会责任［EB/OL］. (2015 - 09 - 17)［2024 - 04 - 10］. http：//yjy. people. com. cn/n/2015/0917/c245083 - 27600412. Html.

［46］李美云. 知识产权制度基本理论之讨论［J］. 科技与法律, 2011 (4).

［47］李秋高. 风险控制法制化研究［J］. 法学杂志, 2011, 32 (8).

［48］李学尧, 徐显明. 高科技. 全球化与制度风险：风险社会中的法律变迁——徐显明教授访谈录［J］. 交大法学, 2011, 2 (1).

［49］李扬. 知识产权法定主义及其适用——兼与梁慧星、易继明教授商榷［J］. 法学研究, 2006 (2).

［50］李姚姚．技术进步与秩序失调：我国技术时代的社会稳定风险起源［J］．科技进步与对策，2020，37（3）．

［51］李雨峰．论专利公开与排他利益的动态平衡［J］．知识产权，2019（9）．

［52］梁志文．管制性排他权：超越专利法的新发展［J］．法商研究，2016，33（2）．

［53］梁志文．论专利危机及其解决路径［J］．政法论丛，2011（3）．

［54］梁志文．专利授权行为的法律性质［J］．行政法学研究，2009（2）．

［55］林秀芹．从法律经济学的角度看专利制度的利弊——兼谈我国《专利法》的修订［J］．电子知识产权，2004（11）．

［56］刘毕贝，赵莉．中国专利质量问题的制度反思与对策——基于专利扩张与限制视角［J］．科技进步与对策，2014，31（16）．

［57］刘程．贝克和卢曼关于风险的社会学思想比较［D］．上海：华东师范大学，2008．

［58］刘春田．知识产权作为第一财产权利是民法学上的一个发现［J］．知识产权，2015（10）．

［59］刘大椿，段伟文．科技时代伦理问题的新向度［J］．新视野，2000（1）．

［60］刘捷鸣．科技风险的行政规制法律问题研究［D］．重庆：西南政法大学，2021．

［61］刘强．有害技术专利问题研究［J］．武陵学刊，2013，38（1）．

［62］刘尚希，李成威．防范化解重大风险的理论分析［J］．经济学动态，2023（5）．

［63］刘铁光．风险社会中技术规制基础的范式转换［J］．现代法学，2011，33（4）．

［64］刘啸霆．跨学科研究：理论与方法［N］．光明日报，2006－03－28．

［65］刘鑫．"科技向善"倡议下专利伦理评价机制研究［J］．中国科技论坛，2021（6）．

［66］刘鑫．基因技术专利化的问题．争议与应对［J］．电子知识产权，2021（8）．

［67］刘鑫．论专利伦理［J］．自然辩证法研究，2020，36（12）．

［68］刘鑫．我国专利制度的伦理挑战及其应对策略［J］．深圳社会科学，2022，5（1）．

［69］刘鑫．专利权益分配的伦理正义论［J］．知识产权，2020（9）．

［70］刘鑫．"道义"与"功利"之间：专利制度伦理证成的路径选择与框架设计［J］．华中科技大学学报（社会科学版），2021，35（6）

［71］刘岩．"风险社会"三论及其应用价值［J］．浙江社会科学，2009（3）．

［72］刘友华．专利制度的未来模式：替代、革新抑或全球化［J］．华南师范大学学报（社会科学版），2011，192（4）．

［73］刘昱岑．马克思风险思想与西方风险社会理论的比较研究［J］．现代商贸工业，2023，44（6）．

［74］龙敏．秩序与自由的碰撞——论风险社会刑法的价值冲突与协调［J］．甘肃政法学院学报，2010（5）．

［75］马治国，刘慧．中国区块链法律治理规则体系化研究［J］．西安交通大学学报（社会科学版），2020（3）．

［76］毛昊，尹志锋．我国企业专利维持是市场驱动还是政策驱动［J］．科研管理，2016，37（7）．

［77］毛昊．论国家科技治理中的专利制度安排［J］．知识产权，2017（10）．

［78］莫凡，谭爱国．马克思主义经典著作中的风险思想及其时代价值——以《资本论》及其手稿为例［J］．学术交流，2013（1）．

［79］南连伟．风险刑法理论的批判与反思［J］．法学研究，2012（4）．

［80］彭飞荣，陶金宏．风险社会背景下我国公众参与专利审查制度之探究［J］．知识产权，2013（6）．

［81］全国各省市专利资助政策2018年最新版［EB/OL］．［2018－08－05］．http：//www.changkeip.cn/news/558/159.

［82］邵科．知识产权公众阵营之后现代主义倾向［J］．政法论丛，2014（6）．

［83］邵培樟．实施创新驱动发展战略的专利制度回应［J］．知识产权，2014，157（3）．

［84］申宇，黄昊，赵玲．地方政府"创新崇拜"与企业专利泡沫［J］．科研管理，2018，39（4）．

［85］斯科特·拉什．风险社会与风险文化［J］．王武龙，译．马克思主义与现实，2002（4）．

［86］宋宪萍，孙茂竹．马克思主义视域下的风险理论研究［J］．当代经济研究，2018（10）．

［87］宋亚辉．风险控制的部门法思路及其超越［J］．中国社会科学，2017（10）．

［88］苏宇．风险预防原则的结构化阐释［J］．法学研究，2021，43（1）．

［89］苏宇．面向不确定性的行政裁量及其法律控制［J］．经贸法律评论，2020（4）．

［90］孙兵兵，刘云，宋赛赛．北京市专利申请资助政策演变特征与效果分析［J］．现代情报，2013，33（8）．

［91］谭九生，杨建武．人工智能技术的伦理风险及其协同治理［J］．中国行政管理，2019（10）．

［92］谭龙，等．专利激增的驱动因素及机理分析［J］．科研管理，2018，39（9）．

［93］陶建钟．风险社会与中国社会转型：变量与结构的一种叙事［J］．武汉大学学报（哲学社会科学版），2016，69（6）．

［94］童小溪．风险社会中的转基因主粮论争［J］．探索与争鸣，2010（12）．

［95］万勇．中国知识产权发展水平跃升背后的思考［J］．中国品牌，2020（10）．

［96］王冰．李文展．制度经济学中的制度影响理论［J］．江汉论坛，200（2）．

［97］王贵松．风险社会与作为学习过程的法——读贝克的《风险社会》［J］．交大法学，2013（4）．

［98］王璟．论专利技术产业化中的技术性风险［J］．浙江

社会科学，2012（2）.

［99］王林．专利制度生态化研究［D］．长沙：湖南师范大学，2019.

［100］王太平．知识产权制度的未来［J］．法学研究，2011，33（3）.

［101］王雅佳．科技创新风险的刑法规制：实践．理念与范式［J］．科学学研究，2020，38（4）.

［102］王昱翰．推动风险预防原则适用法治化［N］．中国社会科学报，2022－12－21.

［103］王郅强，彭睿．西方风险文化理论：脉络．范式与评述［J］．北京行政学院学报，2017，111（5）.

［104］文家春，朱雪忠．政府资助专利费用及其对社会福利的影响分析［J］．科研管理，2009，30（3）.

［105］文家春．我国地方政府资助专利费用机制研究［D］．武汉：华中科技大学，2008.

［106］文家春．政府资助专利费用引发垃圾专利的成因与对策［J］．电子知识产权，2008，No.200（4）.

［107］沃特·阿赫特贝格．民主．正义与风险社会：生态民主政治的形态与意义［J］．周战超，译．马克思主义与现实，2003（3）.

［108］乌尔里希·贝克．从工业社会到风险社会（下篇）——关于人类生存．社会结构和生态启蒙等问题的思考［J］．王武龙，译．马克思主义与现实，2003（5）.

［109］乌尔里希·贝克：风险社会的"世界主义时刻"——在复旦大学社会科学高等研究院的演讲［EB/OL］.

（2018 – 02 – 19）［2024 – 04 – 10］．https：//www. aisixiang. com/ data/32939. html.

［110］乌尔斯·金德霍，伊泽尔．安全刑法：风险社会的刑法危险［J］．刘国良，译．马克思主义与现实，2005（3）．

［111］吴国林，程文．技术进步的内在哲学分析［J］．华南理工大学学报（社会科学版），2017，19（4）．

［112］吴汉东．人工智能时代的制度安排与法律规制［J］．法律科学（西北政法大学学报），2017，35（5）．

［113］吴汉东．知识产权的制度风险与法律控制［J］．法学研究，2012（4）．

［114］夏纪森，臧志宏．论区块链应用的社会风险与法律治理［J］．常州大学学报（社会科学版），2019，20（1）．

［115］夏玉华．美国专利制度危机及其对中国专利制度建设的启示［J］．价值工程，2012，31（14）．

［116］夏玉珍．论现代化发展的社会风险与代价——基于风险社会视角的分析［J］．广东社会科学，2009（1）．

［117］肖志刚，单晓光．专利泛化与专利制度改革［J］．电子知识产权，2009，211（3）．

［118］谢晖．论规范分析方法［J］．中国法学，2009（2）．

［119］谢黎，邓勇，任波．专利资助政策与问题专利的形成——基于灰色关联的实证研究［J］．情报杂志，2014，33（6）．

［120］谢晓尧，吴楚敏．转换的范式：反思知识产权理论［J］．知识产权，2016（7）．

［121］谢晓尧．"倾听权利的声音"：知识产权侵权警告的制度机理［J］．知识产权，2017（12）．

［122］新浪财经．全球区块链专利申请量约 5.5 万件　中国占比超六成［EB/OL］．（2021 - 11 - 10）［2024 - 05 - 15］. http：//finance. sina. cn/2021 - 11 - 10/detail - iktzqtyu652321. d. html？from = wap.

［123］徐棣枫，邱奎霖．专利资助政策与专利制度运行：中国实践与反思［J］．河海大学学报（哲学社会科学版），2014，16（3）．

［124］徐棣枫．权利的不确定性与专利法制度创新初探［J］．政治与法律，2011（10）．

［125］薛晓源，刘国良．全球风险世界：现在与未来——德国著名社会学家、风险社会理论创始人乌尔里希·贝克教授访谈录［J］．马克思主义与现实，2005（1）．

［126］严静峰．资本技术的统治及其规制［J］．哲学研究，2023（3）．

［127］严燕，刘祖云．风险社会理论范式下中国"环境冲突"问题及其协同治理［J］．南京师大学报（社会科学版），2014（3）．

［128］阳建勋．论风险社会中的法律责任制度变革——传统部门法的内部修正与经济法的责任拓展［J］．广州大学学报（社会科学版），2012，11（3）．

［129］杨春福．风险社会的法理解读［J］．法制与社会发展，2011，17（6）．

［130］杨君，彭少峰．超越与反思：风险社会的三种研究传统及新的尝试［J］．哈尔滨工业大学学报（社会科学版），2013（4）．

［131］杨亮才，雷云飞．风险与财富：关于风险社会的哲学反思［J］．山东社会科学，2014，223（3）．

［132］杨明．将知识产权政策作为公共产品需谨慎［J］．群言，2019（3）．

［133］杨雪冬．全球化、风险社会与复合治理［J］．马克思主义与现实，2004（4）．

［134］杨之涵，罗思东．从全球风险社会到人类安全共同体：理论进阶分析［J］．浙江工商大学学报，2022，177（6）．

［135］杨知文．风险社会治理中的法治及其制度建设［J］．法学，2021（4）．

［136］叶金强．风险领域理论与侵权法二元归责体系［J］．法学研究，2009，31（2）．

［137］易承志，龙翠红．风险社会、韧性治理与国家治理能力现代化［J］．人文杂志，2022（12）．

［138］易继明，初萌．全球专利格局下的中国专利战略［J］．知识产权，2019（8）．

［139］易继明．遏制专利蟑螂——评美国专利新政及其对中国的启示［J］．法律科学（西北政法大学学报），2014，32（2）．

［140］尹德贵．风险分配的法理论纲［D］．苏州：苏州大学，2016．

［141］尹锋林，肖尤丹．以人工智能为基础的新科技革命对知识产权制度的挑战与机遇［J］．科学与社会，2018，8（4）．

［142］应验．风险社会中的公共危机治理［J］．中国治理评论，2021，11（1）．

［143］余泳泽，张先轸．要素禀赋、适宜性创新模式选择与

全要素生产率提升 [J]. 管理世界, 2015 (9).

[144] 张成岗. 区块链时代：技术发展. 社会变革及风险挑战 [J]. 人民论坛·学术前沿, 2018 (12).

[145] 张广利, 黄成亮. 风险社会理论本土化：理论. 经验及限度 [J]. 华东理工大学学报（社会科学版）, 2018, 33 (2).

[146] 张广利, 许丽娜. 当代西方风险社会理论的三个研究维度探析 [J]. 华东理工大学学报（社会科学版）, 2014 (2).

[147] 张广利. 创新风险治理模式应着重关注现代风险 [J]. 人民论坛·学术前沿, 2019 (5).

[148] 张海波. 社会风险研究的范式 [J]. 南京大学学报（哲学. 人文科学. 社会科学版）, 2007, 176 (2).

[149] 张建云. 区块链技术体系支持下人类交往的普遍发展及意义 [J]. 观察与思考, 2023 (6).

[150] 张杰, 高德步, 夏胤磊. 专利能否促进中国经济增长——基于中国专利资助政策视角的一个解释 [J]. 中国工业经济, 2016 (1).

[151] 张康之. 论风险社会中的制度融合 [J]. 阅江学刊, 2022, 14 (5).

[152] 张康之. 在风险社会中看合法性问题 [J]. 中国人民大学学报, 2023, 37 (1).

[153] 张康之. 历史转型中的不确定性及其治理对策 [J]. 浙江学刊, 2008 (5).

[154] 张明楷. "风险社会" 若干刑法理论问题反思 [J]. 法商研究, 2011, 28 (5).

[155] 张钦红, 骆建文. 上海市专利资助政策对专利申请量

的影响作用分析［J］. 科学学研究，2009，27（5）.

［156］张宪丽，高奇琦. 社会风险化还是心理风险化——对贝克风险社会理论的反思［J］. 探索与争鸣，2021（8）.

［157］张雪凌，刘庆琳. 区块链专利申请审查标准研究［J］. 知识产权，2020（2）.

［158］张义祯. 风险社会与和谐社会［N］. 学习时报，2004 – 03 – 25.

［159］张永安，宋晨晨，王燕妮，等. 基于供需结构视角下的专利泡沫形成机理和测度研究［J］. 情报杂志，2018，37（5）.

［160］赵精武. 民法上安全原则的确立与展开：以风险社会治理转型为视角［J］. 暨南学报（哲学社会科学版），2022，44（4）.

［161］赵磊，石佳. 依法治链：区块链的技术应用与法律监管［J］. 法律适用，2020（3）.

［162］赵鹏. 科技治理"伦理化"的法律意涵［J］. 中外法学，2022，34（5）.

［163］郑永年，黄彦杰. 风险时代的中国社会［J］. 文化纵横，2012，25（5）.

［164］郑作彧，吴晓光. 卢曼的风险理论及其风险［J］. 吉林大学社会科学学报，2021，61（6）.

［165］中山龙一. 风险概念·风险社会·东亚统治形态［EB/OL］.（2014 – 02 – 09）［2024 – 04 – 15］. http：//www. law. osaka – u. ac. jp/ ~ c – forum/box5/vol2/nakayama – c. pdf.

［166］朱健刚. 疫情催生韧性的社会治理共同体［J］. 探索与争鸣，2020（4）.

［167］朱岩. 风险社会与现代侵权责任法体系［J］. 法学研究，2009，31（5）.

［168］朱云汉. 百年变局与中国政治学的新征程［J］. 政治学研究，2021（1）.

［169］祝阳，雷莹. 网络的社会风险放大效应研究——基于公共卫生事件［J］. 现代情报，2016（8）.

［170］庄友刚. 风险社会批判：历史唯物主义现代性批判的历史逻辑［J］. 常熟理工学院学报，2007，21（7）.

二、外文类

［1］ABRAMOWICZ M B. Perfecting patent prizes［J］. Vanderbilt Law Review，2003，56（1）.

［2］ALBROW M，KING E. Globalization，knowledge and society：readings from international sociology［M］. London：Sage Publication，1990.

［3］ASPINALL A W. Children´s rights in a risk society：the case of schooling in Japan［J］. Japan Forum，2016，28（2）.

［4］BECK U，BLOK A，TYFIELD D，et al. Cosmopolitan communities of climate risk：conceptual and empirical suggestions for a new research agenda［J］. Global Networks，2013，13（1）.

［5］BECK U，LEVY D. Cosmopolitanized nations：re‐imagining collectivity in world risk society［J］. Theory，Culture and Society，2013，30（2）.

［6］BECK U. Emancipatory catastrophism：what does it mean to climate change and risk society?［J］. Current Sociology，2015，

63 (1).

[7] BECK U. Living in the world risk society [J]. Economy and Society, 2006, 35 (3).

[8] BIALOSTOK S, WHITMAN R L, BRADLEY W S. Education and the risk society: theories, discourse and risk identities in education contexts [M]. Leiden: Brill Sense, 2012.

[9] COHEN M J. Risk society and ecological modernisation alternative visions for post – industrial nations [J]. Futures, 1997, 29 (2).

[10] DRAHOS P. Patent reform for innovation and risk management: a separation of powers approach [J]. Michigan Telecommunications and Technology Law Review, 2007, 3 (8).

[11] ELLIOTT A. Beck's Sociology of Risk: A Critical Assessment [J]. Sociology, 2002, 36 (2).

[12] FORSBERG E M Etc. Patent ethics: the misalignment of views between the patent system and the wider society [J]. Science and Engineering Ethics, 2018, 24 (5).

[13] FOX H G. Monopoly and patents, a study of the history and future of the patent monopoly [M]. Toronto: The University of Toronto Press, 1947.

[14] GABE M. The critical theory of world risk society: a retrospective analysis [J]. Risk Analysis, 2018 (2).

[15] GROSS M. Risk as zombie category: ulrich beck's unfinished project of the 'non – knowledge' society [J]. Security Dialogue, 2016, 47.

［16］ HANSSON S O. Risk and safety in technology ［C］. in MEIYERS A （ed）. Handbook of the Philosophy of Science ［M］. Oxford：Elsevier，2009.

［17］ HARHOFF D，R&D spillovers. technological proximity, and productivity growth - evidence from German panel data ［J］. Schmalenbach Business Review，2000，52.

［18］ JONE A. World risk society and constructing cosmopolitan realities：a bourdieusian critique of risk society ［J］. Frontiers in Sociology，2022，7.

［19］ KIEFF F S，SMITH H E. How not to invent a patent crisis ［C］. Harvard Law School Public Law & Legal Theory Working Paper Series Paper No. 10 - 02，2009.

［20］ LARSEN S V. The challenges of risk society for impact assessment ［J］. Journal of Risk Research，2016，20 （11）.

［21］ LEMLEY M A. Ex ante versus ex post justifications for intellectual property ［J］. University Chicago Law Review，2004，71.

［22］ LEMLEY M A. The surprising resilience of the patent system ［J］. Texas Law Review，2016，95 （1）.

［23］ LUHMANN N. Risk：a sociological theory ［M］. translated by Rhodes Barrett，New Brunswick：Aldine Transaction，2005.

［24］ MACHLUP F. An economic review of the patent system （study of the subcommittee on patents，trademarks，and copyrights of the committee on the judiciary，85th congress 2th session） ［M］. Washington：Government Printing Office，1958.

［25］ MERGES R P. Of property rules，coase，and intellectual

property [J]. Columbia Law Review, 1994, 94 (8).

[26] MUZAKA V. Linkages, contests and overlaps in the global intellectual property rights regime [J]. European Journal of International Relations, 2010, 17 (4).

[27] NOVECK B S. Peer to patent: collective intelligence, open review, and patent reform [J]. Harvard Journal of Law & Technology, 2006, 20 (1).

[28] SELCHOW S. The paths not (yet) taken: ulrich beck, the 'cosmopolitized world' and security studies [J]. Security Dialogue, 2016, 47 (5).

[29] STIGLITZ J. Economic foundations of intellectual property rights [J]. Duke Law Journal, 2008 (57).

[30] STIGLITZ J. Innovation: A better way than patents [N]. New Scientist, 2006 – 09 – 17.

[31] TERJE A, ORTWIN R. On risk defined as an event where the outcome is uncertain [J]. Journal of Risk Research, 2009, 12 (1).

[32] WALSH K, WALLACE A, PAVIS M, OLSZOWY N, GRIFFIN J, HAWKINS N. Intellectual property rights and access in crisis [J]. IIC – International Review of Intellectual Property and Competition Law, 2021, 52 (4).

[33] WASHKO F M. Should ethics play a special role in patent law [J]. Georgetown Journal of Legal Ethics, 2006, 19 (3).

[34] WILLIANSON O E. Transaction – cost economics: the governance of contractual relations [J]. Journal of Law and

Economics, 1979, 22 (2).

[35] YELDERMAN S. Improving patent quality with applicant incentives [J]. Harvard Journal of Law & Technology, 2014, 28 (1).

[36] YELDERMAN S. The value of accuracy in the patent system [J]. The University of Chicago Law Review, 2017, 84 (3).

后　记

专利制度改良的研究经久不衰，相关成果不胜枚举，有"创新效应""利益平衡""伦理正义""新技术的制度因应"等切口，存在"替代说""废除论""革新论"等主张，争论显示出专业内部的分歧。风险社会的宏观现代性语境下，"风险"应当作为一种研讨专利制度的视角，有必要以适切的方式打破创新叙事在专利制度设计方面的垄断地位，在"风险"维度上回应专利制度危机与困境，促进制度自省与进化。

感谢教育部人文社会科学基金项目的资助，从 2013 年的选题尝试，到 2019 年获得立项，至 2024 年的成果出版，对专利制度多副面孔的解析和思考在不断深入。特别感谢我的导师朱雪忠教授提供的学习机会。恩师对专利制度有着深刻的理解和敏锐的观察，求真务实，多次为中国专利制度及政策的改良鼓与呼。承蒙恩师提携，我作为助手有机会数次参与国家层面专利政策的研讨、会商活动，近距离感受到专利制度本身的风险主体性、政策设计的复杂性以及机制革新的困难度，这正是专利制度改良领域充满挑战性，受到广泛关注的原因之一。研究生韩晶、尤秋子、沈巧玲等参与了课题研究以及文稿校对工作，在此一并表示感谢。

作为技术创新的法律保障，专利制度自带维系与美化的光环，但不可忽视的是，制度本身也附随着合法垄断的"必要之恶"，还存在技术理性过度张扬所导致的"非必要之恶"。科技本位主义的思潮下，对专利制度化风险以及技术性风险保持必要的警惕有其积极意义。本书采用 SSP 范式分析等研究方法对专利制度风险进行了一些粗浅的探讨，由于学识有限，观点的立论、方法的演绎仍有完善空间，行文的疏漏和谬误在所难免，期待各路专业人士不吝赐教和指正。

杨静

2024 年 3 月 28 日